愚か者の夢追い半生記

雪山渥美
YUKIYAMA ATSUMI

幻冬舎 MC

愚か者の夢追い半生記

序に寄せて……人として賢者な生き方

表装美術作家　益満友忠

自分史「愚か者の夢追い半生記」を、同郷の雪山渥美氏が七十年を振り返り著書出版するにあたり人生つまり「人の生き方」を私はしみじみ学んだ。タイトルは、愚か者の夢追い半生記であるが、人は生まれながらにして知恵者で生まれ、その人の人生は「生き方」で多種多様である。

雪山渥美氏の人生は愚か者ではなく同郷出身にも賢者がいる事を私は誇りに思う。それは自分史が十分読者に語りかけてくるので省略して、したがって雪山渥美氏の自分史は「賢者の夢追い半生記」と言いたい。

私と雪山氏は同郷の徳之島育ちで七歳の年齢差がある。共に少年期は戦時体制の時代に育ち、島は文化に乏しく夢を抱く事も不可能であった。人間は時代と共に年齢を重ね、人間社会で石垣の石を積むが如くに自己形成に努めるのであるが、長い生涯は喜怒哀楽で笑いと涙の苦闘の日々でもある。

著者の雪山渥美氏の人生も然りであるが、己の人生哲学を抱き全うしているところは「愚か者の夢追い半生記」から納得できる。著書は夢と力を与えてくれる生きた教本であり、人の一生を少年期、青年期、壮年期、そして老年期と自分風に生きていく尺度を示唆してくれる。多難な現世を生きる人々に福音をもたらすひときわ光る稀な自分史である。

目次

第二章

第三章

第一章

生きがい

「皆さんの生きがいは、なんですか」

私は壇上から語りかけた。後方の席で妻が心配そうに見ている。今日は脳梗塞の後遺症を治療するために入会した健康声磨き教室の発表会だ。健康声磨きとは、喉を鍛え正しい姿勢で発音、発声しようという取り組みで、介護予防のためのヘルスケアとして、最近注目を集めている。

多くの人の前で話すのは、いつ以来だろう。だが程よい緊張感もここちよい。

「私は数え齢八十九歳です。この年になってスピーチすると言ったら老妻から嫌がられました。ですが先生からすすめられてお話しさせていただくことにしました。

私は六年前軽い脳梗塞を起こして、呂律が回らなくなり話しにくくなりました。最近も友人と電話で話をしていて『何を話しているのかさっぱり分からない』と言われショックを受けました。

これではいけない、将来暗い人生になると思い、何とかしたいと思い悩んでいるうちに健康声磨き教室があることを知り、早速入会しました。

最近私はどこへ出かけるときも愛妻と一緒です。その様子を見て仲間からは、『仲が良くていいですね』とよく言われますが、実際はそういうわけではなく、監視されているのです。

脳梗塞後、いつ再発するか分からないので妻は私を見守っているのです。

その後他の病気も併発して一カ月ほど入院しましたが回復後は至って元気です。しかし年齢とともに物忘れが増え、足が衰えて歩行困難に悩まされています。

例えば物忘れは、あるものを取りに二階へ上がっていき、何を取りに来たのか忘れてしまう。物の置き場所を忘れて、探しまくり、出てこないのにイライラしている自分にいや気がさしたり、約束した時間を忘れたりと自分が情けなくなります。また足の衰えは、毎朝ラジオ体操へ往復約五千歩歩いて行っているのですが、帰り道は痛みで足をひきずっています。

四十代半（なか）ばごろから、毎朝ジョギングをしていたのですが年とともにスピードが鈍くなり、八十六歳を過ぎたころから小走りはできなくなり、歩くことしかできなくなりました。歩くことも最近は苦痛を感じています。

年は取りたくないなあ～としみじみ思います。

しかし、健康声磨き教室に通うようになってから、言葉も体もだいぶ、変わってきました。教室で先生からは発声練習の基礎から、腹式呼吸や関連授業を一時間半学びます。トレーニングでは、『あ・い・う・え・お』それぞれの口の開き方や動かし方の違いについて勉強します。繰り返し練習しているうちに、自然に滑らかな発生音が出てくるようになりました。

私は最近『生きがい』について考えるようになりました。しかし『生きがい』とは何だろうとか、難しいことを考えるわけではありません。

ここで自慢話を一つ。私は水墨画を七十歳から習い始めて、現在も描き続けていますが、今年上野都美術館で行われた第六十一回全国公募水墨画展に出展した作品が奨励賞を受賞しました。それを私の故郷鹿児島県奄美大島の新聞記者が記事に取り上げてくれました。記事を読んだ故郷の親戚や友人からは『おめでとう』の言葉をもらいました。

今、私はハッピーだと実感しています。若い時は散々苦労しました。食べることにも、生きることにも、また資金繰りのことにも。今はそれらの苦労から解放されて、老人人生を楽しんでいます。愛妻と一緒にいろんな勉強会に、認知症予防として参加していますが、参加することに生きがいを感じています。ご清聴ありがとうございました」

会場（東京　日本橋公会堂ホール）からの拍手に送られて、私は檀から降りた。妻と目が合う。ほっとしたように微笑んでいる。

会が終わって外に出るともう陽が落ちかけていた。

「何かうまいものを食べて帰ろうか」

夕焼けに染まった妻の横顔を見ながら、私はこれまでの人生を思い出した。

誕生

私には今では自分の誕生を知る手がかりはほとんどない。母は三十八年前に亡くなり、父も三十四年前に逝ってしまった。父方の兄弟姉妹四人の伯父、叔母は一人も生存していない。母方の兄弟姉妹七人も今は亡くなり、末弟（S.M.）の奥さん、Y.M.叔母さん（八十八歳）が唯一生存している。まだ元気で身体頭脳ともに明晰であるが、私の誕生のころはまだ結婚前で誕生の様子は知らなかった。

私が生まれたときに撮った写真もたくさんあったそうだが、第二次世界大戦末期の大空襲で焼けて一枚も残っていない。

私は自分史を書くにあたり、三代の戸籍謄本を郷土から取り寄せた。それによると、私の誕生日は昭和九年（一九三四年）五月二十日、鹿児島県大島郡天城町大字阿布木名《あぶきな》において出生、K.Y.届出、昭和九年六月一日受付入籍となっている。

しかし実際の出生地は大阪府岸和田市であり、そこで昭和九年四月六日の生まれであると母から聞いている。岸和田市で生まれたのは間違いないが、下の地名、番地は分からない。

父母からは、幼いころ島（鹿児島県大島郡徳之島）で何回も「おまえは大阪、岸和田の大和で（島では鹿児島から本土全体を指して大和と呼んでいる）生まれたよ」と聞かされた。実際の誕生日は四月六日と母から何度も聞いているので確かだと思う。

誕生から届出まで二ヵ月近くもかかっている。しかも出生地は、実際とは違う所番地になっている。出生届を出すとき、大阪生まれで出すのが面倒くさかったのか、本籍地で生まれたことにして届けを出してある。現代では許されないことだが。

父と母は昭和五年（一九三〇年）五月一日に婚姻届を出している。父明治三十三年（一九〇〇年）生まれ、三十歳、母盛タフ明治三十七年（一九〇四年）生まれ、二十六歳の年に結婚している。その当時の島の人としては晩婚である。

結婚してから四年目に私が生まれ、父母の喜びようは大変なものだったらしい。特に郷土の祖父母は内孫の男の子の誕生を殊のほか喜んだようだ。父の兄である伯父のH氏には、三人の子供がいたが全員娘だった。だから私の誕生で雪山家の跡取りができたためだ。

私の名前が決まるまでには時間がかかった。その経緯は小学校二年生のころ母が寝物語に話してくれた。父には当時登記所に勤務していたG.U.さんといういとこがいた。島の出身にしては学問もあり、今でいうインテリであったので、父はそのG.U.さんに私の名前の候補を考えてもらったのだという。最初は名前を五つ書いてもらったが気に入るものがなく、次々と全部で二十種類ほど考えてもらった。その中から七つ選び、更に三つに絞り、あとは甲乙つけがたく、どちらも気に入り迷いに迷ったあげく、最後は母に籤引きさせて決めた。母は三つの中で「渥美」の名前をいちばん気に入っていた。その名前を引き当てた時は、天にも昇るような嬉しさだったそうだ。母はこの名前を神からの授かりものだと思ったという。

名前を付けるのに二十日ほどかかった。それと、その当時は大阪から徳之島までの郵便事情も悪く、時間もかかったことで届出が遅くなったことだろうと推測する。

父の仕事はペンキ屋だった。私が生まれた当時は何人かの職人も使い、独立してはぶりもよかったようだ。

三歳違いの妹のKは戸籍上の誕生日は昭和十三年（一九三八年）一月七日生まれになっている。が、実際は昭和十二年（一九三七年）十二月生まれ。妹の誕生の一年前ぐらいに、大阪南部の岸和田市から北部の大阪市大正区の鶴町四丁目に一軒家を借りて引っ越してきた、と今健在のY．M．叔母から先日聞いた。同じ家の二階にK（母の弟）叔父さん夫婦が住み、私たち家族は一階に住んでいたと、Y叔母さんが話してくれた。

大阪での記憶

誕生地、岸和田市には昭和十二年秋ごろまでいて、冬には大正区鶴町に引っ越してきたようだ。そこで妹（K）が生まれ、Y叔母さん家族と一軒の屋根の下で暮らすようになった。

叔母の話をたどると、私たち家族四人は、昭和十四年（一九三九年）には郷土徳之島（鹿児島県大島郡）に帰っている。何月だったかは調べられない。大阪には満四歳までいたが、これといった思い出は特にない。ただかすかに記憶しているのは、畑の中で肥溜め樽に落ちて、助け上げられ、ドブネズミのような格好で立ちすくんでいた姿が、夕陽とともに頭の片隅に残っている。肥溜めとは糞尿屎尿を貯蔵して堆肥にするための穴である。今ではほとんど見かけなくなったが、当時は一般的な農業設備だった。つまり排泄物の中に落ちてしまったわけだが、それも確かな記憶ではない。その時のことを母から聞いて、母の話の中の記憶とごちゃ混ぜの記憶である。びしょ濡れ姿と、赤い夕陽が射していたのを微かに覚えている。あの時は四歳ごろで鶴町での出来事と勝手に思い込んでいたが、今回、自分史を書くために、誕生地を訪ねていろいろと分かった。鶴町は工業、住宅地帯で農作地は見当たらない。大正区全体、元は海で埋め立て地であり、畑などあろうはずがない。昭和十年（一九三五年）代は、岸和田にしか畑農地はなかったであろう。今は高層建築が建ち並び、農地など見当たらないが、当時はまだまだ農地も多く専業農家が畑のいたるところに肥樽を持っていたと聞く。

大阪に四歳までいて、思い出に残るのは肥樽のことしかないが、父母がよく話していた幼児期時代のことを追憶してみた。

父は人一倍子煩悩であった。三十四歳にしてようやく生まれたわが子を猫かわいがりしたようだ。そのころ子供服の晴れ着は、胸いっぱいに勲章を付けた海軍大将服に軍刀をさした、当時としてはかっこいい軍服姿ものだった。軍国主義化が進んでいった一九三〇年代の日本では、軍人はヒーローそのものだったのだ。軍服の晴れ着を着せた私を、父は床屋や、人の集まる場所へよく連れて行ったようだ。私はそこで刀を抜いて誰にでも切りつけていく、やんちゃな行動をする元気な子だったと、父は自慢げに幾度となく話した。今どんなに記憶の糸をたぐっても軍服姿は浮かんでこないが、小柄な父が私の姿を見ていつも満足そうに微笑んでいた様子はおぼえている。

母は、私が三歳のころ右眼を病んだ時のことを語ってくれた。ある時、麻疹をこじらせて高熱となり、それがもとで私は両目の激痛に苦しんで夜通し泣き止まなかった。その時、母は三日三晩寝ずに看病し続けてくれた。

父母は私を眼科医へ連れて行き、診てもらうと、

「もしかして、この子の左眼は白眼になるおそれがある」

と言われたそうだ。

母はその時のことを思い出して、涙を流しながら何回も話してくれた。

「大阪で治療したお陰で、おまえの左眼は治ったのだよ。もし島の医者にかかっていたら、まちがいなく白眼になっていたよ」

母は自信ありげに言った。

徳之島で生まれ育った同級生に、白眼になった級友が二人いた。彼等は片方だけが瞳の中央部分が白くなり、その眼は見えなかった。彼等は同級生から白眼のためにいじめられて、性格的にも卑屈になっていった。その中の一人は村長さんの息子さんで一年遅れて入学してきた。年上で身体は大きかったが気が弱く、常にいじめられっ子の一人だった。

母はその同級生のことをよく知っていた。母は彼の名前を言って、「もし島で治療していれば、おまえの眼も彼の眼のようになっていたはずよ」と言った。私はその言葉を聞いた瞬間、幼心にも胸が痛んだ。大阪で眼の治療が受けられたお陰で、白眼にならずに助かった、いじ

められずに済んだと、幼心に大阪のお医者さんに感謝していた。同時に自分だけ良い治療が受けられたことに申し訳ない気持ちもあった。

しかし私の左眼には後遺症が残った。見た目は黒目玉で悪いところはないように見えるが視力は0に近い。私は左眼に視力のないことを、島にいるときは気づかなかった。眼科の検査を受けたこともなかった。後に東京へ出てきて、運転免許を取る時に視力検査を受けて初めて分かった。

故郷と幼児期

私たち親子四人（父母、私、妹）は私が四歳のころ、大阪から故郷の徳之島へ帰ってきた。昭和十四年であるが、月日は分からない。

大阪から鹿児島まで汽車で二日かかり、鹿児島から離島周りの小型汽船に乗り、大阪を出てから四泊五日もかかってようやくたどり着いたと、その時の模様を母からよく聞かされた。私は大阪から徳之島までの道中のことは、ほとんど覚えていないが、母のはげしい船酔い姿はかすかに覚えている。

父母が島へ帰った理由は、祖父T．K．と同居していた叔母（父の妹）が急逝して一人暮らしになった祖父の面倒を見るためだった。また家業の農業を継ぐ必要もあった。

家は徳之島の西海岸に位置する天城町の中央、阿布木名村にあった。この村には「雪山」

姓が多い。雪山姓は全国的には少なく、富山県にいくらかあるぐらいで、鹿児島県や奄美大島にも、私が調べた範囲では見当たらなかった。徳之島でも天城町の中の阿布木名村にしかない。ここには雪山姓は大勢いる。私が小学一年生に入学した時は、新入生約五十名の中に雪山姓が五人もいた。

名刺交換の時に、私の姓を見て「北海道出身ですか」とよく聞かれる。南の鹿児島県徳之島ですと言うと、「珍しい、雪の降らない所でなぜ雪山ですか」とも言われる。

雪山姓が付いたルーツを調べてみたが、今のところ四代前の島の戸籍台帳に載っている範囲内の先祖先代しか分からない。古い家が建ち並ぶ田舎では同じ苗字の人が集中していることが珍しくないが、その地に住み着いた一族が繁栄して分家、分家と増えていった結果だという。雪山姓についても同様のようだ。

私の父の名前は「喜和信《きわのぶ》」、曾祖父の名前も喜和信。この曾祖父は村衆から「喜和信シュウ（主）」と敬称で呼ばれていた。

喜和信シュウは島の資産家で子だくさんだった。息子七人、娘三人の子を授かり、りっぱに育て上げた。私の祖父喜和豊は喜和信シュウの三男坊だった。

喜和信シュウは祖父たち兄弟の青年時代、徴用令（兵隊徴集）逃れのために、資産にものを言わせて、次男、四男、六男の籍を長男のいない家に移籍させた。それで雪山姓から次男、四男、六男はそれぞれ一字姓家の姓を改姓して徴用逃れをさせたと、伝え聞いていた。

喜和信シュウは七人の男の子全員に家、屋敷、田畑まで分け隔てなく与えてきた。女の子にもそれなりのものを与え嫁がせた。家、屋敷は自分の土地に新築して与えたと伝えられている。

私の家が、雪山家本家の跡取りになっていた。喜和信シュウは末子に跡を継がせたが、若く（三十代）に亡くなり、子供もいなかったので、三男の私の祖父が本家に移り住むようになった。孫の父が同じ喜和信の名を継いだこともあって、親戚から反対意見も出ず、スムースに跡継ぎができたようだ。

雪山本家の家は祖父が青年のころ、兄弟全員がシュウの命を受け、三京山《みきょうやま》（徳之島の中央に位置する奥深い高山）に登り、一本の大樹を切り倒し、それを大鋸で挽き、何十本もの柱を造り、大枝、小枝まで利用して本家を建てた。この家は一本の大樹で建築された。だからいかなる台風にも強い、と言い伝えられていた。過去に風速五十メートル以上の台風が何度も襲ってきたが、ビクともしなかった、と祖父は自慢げに話した。

嘉和信シュウの存命中は本家のほかに、母家、牛小屋、豚小屋、それに高倉も建っていたらしいが、私たちが島に帰った時は、本家と牛小屋だけが残っていた。

本家の面積はおよそ四十八坪ぐらい。家の中にはいろんなものが設置されていた。かまどが大、小二つ。いろりの上の天井には黒い煤がいっぱいたまっていた。十畳の客間には仏壇があり、床の間もあった。居間はいろりの横にあった。

祖父は畳の裏綿打ちや、籾俵作りの職人で、その工具類を客間の間口に設置して作業場にしていた。

祖父は、私たちが帰島するまで、この家に一人で住んでいた。

私は幼児期のことはほとんど覚えていないので、祖父が一人暮らしをしていた時のことを、一緒に暮らすようになってから、祖父から聞いた断片的な記憶をたどりながら描いてみる。

喜和豊祖父は文久二年（一八六二年）二月生まれ、昭和十四年には七十七歳になっていた。年のわりには元気だったが、額には深い皺がよっていた。両方にぴんと伸ばした白髪まじりの鼻髭を生やしていた。頭の前のほうが少し禿げているだけで、髪の毛は五分刈りで濃かった。右耳が真ん中から二つに切れていた。青年のころ荒馬に食いちぎられたとのことだった。この耳のことで「耳切り爺」とあだ名されていた。

この祖父（爺）のある日の行動を描いてみる。

爺は朝三時すぎに目覚め、芭蕉布の着物に着替える。外はまだ真っ暗闇である。外出用のランプに火を灯して、魚捕りの身支度をする。藁草履をはき、魚入れの小さな篭を肩から吊るし、ランプを片手に平土野海岸へ向った。

今朝は平土野浜で、網引き日がある。若いころから網元になり、漁夫仲間と魚獲りをしていた。

四時ごろ、浜に着くと仲間の数人はすでに来ていて、網上げ支度をしていた。網は昨夜のうちに、沖に張られていた。辺りがうっすらと明るくなり始めると、網の引き上げが始まった。三十人ほどの仲間たちが二手に分かれて、かけ声いさましく、力いっぱい網を引いた。

爺は後ろのほうで皆の作業を見守っていた。この島は老人を敬い大切にする。爺は五十歳ごろまでは中心になって網引きをしていたものだが、ここ十年ばかりは力仕事はさせてもらえず、ご意見番のような役割をするようになっていた。

引き網の中には、南国特有の色あざやかな大、小幾種類もの魚が飛び跳ねていた。

今日はいつもより大漁だ。

爺は持ってきた小さな篭いっぱいに魚をつめ込んだ。どんな大漁の時でも篭いっぱい以外は持ち帰らなかった。魚獲りを業としていないので、余分なものは分け前にあずからないことを、自分の流儀にしていた。

爺は魚を持って、母の姉妹や、父の親戚の家をまわって、家族数にあわせて魚を配って歩いた。母の実家や姉妹の家を先にまわった。魚を受け取る笑顔を見るのが、爺の喜びだった。朝飯は親戚のあちこちでご馳走になった。十時ごろ家に帰った時は、籠の中には数匹の魚もなかった。

家に着くと藁仕事を始めた。籾俵作りである。爺はいろんな特技を持っていた。村の祝いごとや法事の時に出す料理を作る名人でもあった。祝いごとの時には頼まれてどこへでも料理作りに出かけた。また畳の裏綿作りの職人でもあり、正月前になると、各家庭をまわり、新畳用の裏綿作りをした。毎年正月の二ヵ月前からこの仕事をしていた。

爺は午後すぎに軽い昼寝をしていた。朝早い時は昼寝を習慣にしていた。昼寝のあと、また三時ごろまで藁仕事をして、初夏の陽射しがやわらぎはじめたころ、大和城（天城の小高い山）の麓にある田畑へ出かけた。山際には段々田んぼが五反ほどあり、その下段に畑が三反ほど続いていた。爺はそこで夕方までもくもくと農作業をした。西の方の海面に夕陽が沈むのを見ながら、田んぼの水流し見まわりをして、家路に就いた。家に着くころにはもう暗くなっていた。

爺は、煤でうす汚れたランプに火を灯した。正月前に、一年間精根つくして育て上げた黒豚をつぶして、塩漬けにした豚肉をかめ壷から取り出して、裏の畑から取ってきた野菜と一緒に調理した。手料理を肴に、自分で作った黒糖焼酎を飲むのが唯一の楽しみだった。

爺は一人でちびり、ちびり焼酎を飲みながら、〔もうじきに息子（父）が孫を連れて帰ってくるな、そうなればこの家もにぎやかになる。早く孫の顔が見たいなー。わびしい一人住いももう暫くの辛抱だ〕

そう独り言を言いながら、七時ごろ床に就いた。

私は幼いころのことはほとんど記憶にないが、爺との会話で覚えているのは、小学校三年生の時のことである。そのころ、爺は私を畑へよく連れて行き、行き帰りの道すがら、いろんな話をしてくれた。その時の記憶が今甦ってきた。その時、爺が話したことを思い起こしながら綴ってみる。

「おまえが大阪から帰った時はほんまにかわいかったよ。日焼けした島の子供とくらべると、色が白くて女の子みたいだった。しかし大阪弁で喋りだすと止まらなかったな。やんちゃなこともよくしていた。年上の子と喧嘩しても負けなかった。そのうちたちまちガキ大将になりよった」

爺は、流行り病で八十八歳の時亡くなった。当時は病院で最期を迎える者は少なく、爺も家で亡くなった。爺の日焼けした皺だらけの顔が今も目に浮かぶ。島口（方言）のしゃべり口調が懐かしい。

小学校時代軍事作業の苦しみ

島での生活が始まって二年後の昭和十六年（一九四一年）四月、私は天城国民学校一年生に入学した。この年から尋常小学校から国民学校に変わり、教科書（大東亜戦争勃発し教科書も変更）も「サイタ、サイタ」から「アサヒ、アサヒ」に変わった。担任のK先生から、お下がりの古い本は使えなくなり、新しい本に変わったと言われたことを微かに覚えている。

戦争に勝つことが国民の生活の最大の目的とされたので、子どもの教育も大きく変わった時期なのだ。

学校へは黒いランドセルを背負い、父母に連れられて約一キロの道のりを裸足で歩いていった。島の学校は全員裸足で通学していた。戦前は靴を履く人は一人もいなかったと記憶している。

一学期の終わりに、K先生が白菜の苗を生徒一人に十本ずつくばった。

先生は苗を渡し終えると、生徒を教室に集め、島口で私たちが理解できるように、かみ砕いて話した。

「この十本の苗を、自分ちの畑にお父さんに植えてもらい、夏休みの間、自分で育てなさい。毎日水をやったり、虫を取ったりして。そして二学期が始まる日に、いちばん大きく育った野菜を一株持って来ること。誰がいちばん大きく育てたか、競争しよう」

苗は牛小屋の横の畑に、爺が植えてくれた。朝起きると畑に行って、爺と一緒に水撒きするのが楽しみになった。白菜は根づき、日に日に伸びていった。成長の速さは子供の目には驚きだった。

小学校に入学した年の十二月八日、太平洋戦争が勃発し、この島も戦時色がだんだん濃くなってきた。

小学二年生の二学期に、私は図画の選手に選ばれた。天城村には四校の小学校があり、毎年クラス代表二名が選ばれて、天城小学校で写生大会が行われた。

二年生の画題は「戦闘帽」だった。こんなところにも戦争の影響が色濃く出ている。教室の真ん中に先生が使うテーブルが置かれ、その上に戦闘帽が二つ置かれていた。級友たち八人は戦闘帽を囲んで、席を離して座った。級友八人のうち六人ははじめて見る顔である。写生時間ははじまったが、皆、見知らぬ相手の顔ばかりジロジロ見て、いっこうに描かなかった。が、先生にせかされると一斉に描き出した。

私はクレヨンを五色ほど使ったと思う。それまで特に絵を描いた経験はなかったし、誰かに絵を教わったこともないがいつしか夢中で描いていた。先生から「時間ですよ」と言われて、はっとした。描き足りない気分で画用紙を出したのを今も覚えている。これが絵と私の最初の出会いだった。

数ヵ月後、私の絵が大島群島の中で入賞した、と全校生徒の朝礼の場で知らされた。

徳之島陸軍飛行場での辛い労働

「昭和十八年（一九四三年）、戦局は悪化し南方各島の作戦は敗退を続け、インド、ビルマ作戦も後退を続けていた。敵（米国）の進行速度は速くなり、フィリピン、台湾、沖縄、奄美と本土への飛び石伝いの島々の防衛強化が叫ばれてきた。同年十月八日、航空本部熊本支部長一行十二人が徳之島にきた。一行は平土野に泊まり、九日、天城村長ら幹部を帯同し、浅間部落一帯を視察、十日瀬滝部落一帯を視察し技師、見習士官ら三人を残して、一行は沖縄県平島に出発した。

十月十二日にはA陸軍技師を主任として鹿児島県から派遣されたF修技手、天城村I土木技手らが浅間部落一帯の測量をはじめた。測量が終わると土地買収がはじまった。

十一月二十八日、N少尉は徳之島四カ町村長と青年学校長を亀津に召集して飛行場建設の趣意説明を行い人夫供出を命じた。命令によると人夫は亀津町四百五十人、伊仙村六百人、東天城村四百三十人、地元天城村は八百人、合計二千二百八十人の人夫割り当て命令であった。

十一月三十日軍命令が天城村に出され、十二月一日より百人ずつの人夫を二日間にわたり出すべきことを命じた。人夫は午前六時湾屋港到着、資材上陸のため仮桟橋を設けた。

十二月三日から天城村立青年学校に出動命令が下り、校長以下職員と男子生徒四百人が建設現場に出動した」(『天城町誌』第四章「徳之島陸軍飛行場」からの抜粋)。


昭和十八年、私は小学三年生だった。三年生の時に、徳之島飛行場建設現場作業員として、私たち低学年まで動員され、約一年間働かされた。

その時、肉体的にうけた辛い思い出はいまだ忘れられない。どうして、幼くて作業の足手まといにしかならない私たちまで動員されたのか疑問だった。

私は少年時代のことを語ろうとすると、太平洋戦争と飛行場建設現場で受けた苦しみを抜きにしては語れない。私は当時のことを調べたいと思い、いろいろ探しているうちに、『天城町誌』と出合った。この町誌により、正確な飛行場の名称は「徳之島陸軍飛行場」であることを知った。島の人たちは「浅間飛行場」と呼んでいた。

小学三年生までが建設作業員として動員されたのは、天城村が地元であるために、他町村より動員数が増やされ、小学校卒業生以上では間に合わず、人数合わせのためだったようだ。町誌によると、最初に労働出動命令を受けて、天城村が出動したのは昭和十八年十二月六日となっている。たぶんその日に私たちも先生に引率されて出動したと思う。その時のことについて記憶をたどりながら描いてみたい。

その日の朝、私は鶏の鳴き声で目が覚めた。母親に起こされたような気もする。台所で水を節約しながら顔を洗い、水飯の朝食を爺と母、妹らと摂った。父は防衛隊にとられて留守だった。芋弁当を持って七時ごろ家を出た。天城小学校まで子供の足で二十分ほどかかった。学校へはいつものように幼友達のT君と一緒に行った。学校へ着くと校庭に大勢の上級生たちが集まっていた。

たしか八時ごろだと思うが、校庭に三年生から六年生までの全生徒が集められた。校長先生が、教壇に立って訓示を述べた。内容はほとんど覚えていないが、両足にゲートルを巻き、戦闘帽を被った先生の姿をかすかに覚えている。

朝礼が終わると、上級生から浅間飛行場へ向った。上級生たちは作業用具を持っていたが、私たち三年生は何も持たず弁当だけだった。行く時は遠足へでも行くようにはしゃぎながら歩いて行った。

飛行場建設現場に着くと、二人一組になり、モッコ（土運びをする工具）を持たされ土運び作業をさせられた。私は同じ背丈ぐらいのK君と組んだ。最初は土を少しばかり入れて五〇メートルぐらいの所へ運んでいた。慣れるにつれて土の量が増えていき、一時間ほどたつと両手に肉刺《まめ》ができた。痛みがじわじわと滲み出てきた。

三十分おきぐらいに小休憩をとっては作業を続けていたが、一組の仲間があまりの作業の辛さに耐えかねて、小休憩の時に逃げてしまった。二人は現場監督に捜し出されて、皆の前に引きずり出された。

「この非常時に作業を怠けるとは何ごとだ」

監督は大声で叫びながら、少年たちの頭と尻を何回も叩いた。二人は悲鳴をあげながら、その場に泣き崩れた。二人は皆への見せしめとして犠牲になったのだ。

私はその痛ましい場面を見て、身はすくみ、足はがたがた震え、怖さで身体はこわばった。恐怖のあまり、いつの間にか手の肉刺の痛さはどこかへ消えていた。

あくる日も朝早くに、集落の上級生に連れられて直接作業現場へ行った。同じモッコで土運び作業をした。手指の肉刺は激痛に変わった。モッコの竿は握れなくなった。ただし作業は休めない。自然に工夫の知恵が出てきた。五本指の痛みに耐えかねて、竿を手首に置き換えた。手首が痛くなると肘にのせ換えた。手指、手首、肘と代わる代わる交代させながら、時間が来るまで休むことなく作業を続けた。

この強制的に作業をさせられた体験は一生忘れられない。

徳之島の天城村に全島の徴用作業員二千二百八十人、全島の青年生徒約六百人、大島本島から六百五十八人、沖永良部、与論島から三百五十八人、合計四千二百八十人が集まってきた。

この大勢の作業員たちは徳之島飛行場に近い、天城村の岡前、天城、兼久の各小学校の教室に分宿した。その時から私たちの教室は宿泊場に変わった。三年生の三学期から教室での授業はなくなり、青空教室になった。天城小学校のシンボル樹である樹齢約五十年の栴檀の木の下で授業がはじまった。授業は午前中だけだったような気がする。何を学んだか今はぜんぜん記憶にない。ただ覚えているのは寒い思い出だけである。

南国とはいえ、北風の吹く冬の日は寒い。

ある日のこと、授業中急に北風が小雨まじりで強く吹きつけてきた。私の薄着はすぐに濡れて、寒風が肌身を強く刺してきた。寒さに全身が鳥肌たってぶるぶる震えた。その時の寒さは、後に冬の北海道で体験した寒さよりも酷かったと今でも感じている。

戦争激化　徳之島に初空襲

徳之島飛行場は軍隊、防衛隊、徴用作業員延べ一万余名の混成チームが昼夜の突貫工事で押し進め、昭和十九年五月に完成した。

　完成後は日本本土から特攻隊機が着陸するようになった。沖縄作戦への補給基地として使用するために。

　ある日、知覧飛行場から飛び立ってきた神風特攻兵士が二人、私たちの学校に現れた。戦闘飛行服を身にまとい、日の丸の鉢巻をした勇士は少年の目に美しく映った。憧れの姿だった。

　二人の特攻兵士は壇上に上がり、全校生徒を見下ろしながら挨拶をした。

「明日は沖縄戦場へ特攻隊として突撃します。お国のためにこの身を捧げます。旅立つ前にこの校庭の上空を旋回しますから、手を振って見送ってください」

　あくる日の朝八時ごろ、約束どおり校庭の空を低空飛行で三回旋回した。全校生徒は大きく輪を描きながら、力いっぱい手を振って見送った。

　彼らは沖縄戦場へ着く前に米軍機に打ち落とされた、とあとで噂が流れた。

　昭和十九年（一九四四年）十月十日、徳之島飛行場目がけて第一回の空襲があった。
「八時二十分、天城岳から大和城《やまとぐしく》山上空に現れた敵のグラマン戦闘機のうち三機は急流下して、第一番機は機銃掃射、二番機は焼夷弾攻撃、三番機は二十キロ爆弾を飛行場兵舎附近に投下して飛び去った」（『天城町誌』より）
　昭和二十年（一九四五年）三月に入ると、徳之島飛行場への空襲はしだいに激しくなり、毎日午前六時から七時まで、午後は三時または四時に定期的に爆撃を受け、壊滅状態になった。私は最初の空襲があってから数ヵ月は、防空壕の中に入って怯えていたが、だんだん空襲にも慣れてきた。

家は飛行場近くにあったので山の麓のほうに、家族は避難した。山の斜面に防空壕を掘り、そこで避難生活がはじまった。空襲を知らせる爆撃機音が鳴り響くと爺や母たちは防空壕に逃げたが、私は木に登った。定期的に空襲が来るようになると、敵機はここへは空襲しないことを自然に知るようになった。

グラマン機は堂々と（少年の目にはそう映った）徳之島飛行場を爆撃した。敵機は三機編隊で六機、九機と出撃してきた。一機から二個の爆弾が投下された。爆弾は耳を劈《つんざ》くような爆撃音とともに地上で爆発し、噴煙が空高く舞い上がった。この噴煙の舞い上がる情景を、台風の時、荒波が磯辺に打ち砕ける情景を眺めるような気持ちで眺めていた。

まもなく徳之島飛行場は使用不能になるまで爆撃された。

徳之島から沖縄へ

昭和二十年八月十五日、戦争が終わって、小学校へ行ってみて驚いた。十数教室あった学校校舎が職員室と隣の教室だけ残り、あとは全焼していた。焼け跡を見て呆然と佇んだ。その後教室ができ上がるまで時間がかかった。

昭和二十二年（一九四七年）四月、私はこの年制定された新制中学に入学した。三月に国民学校六年を卒業し、国民学校は廃止になった。私たちは小学校も中学校も新制で入学でき、「ついている」と同級生同士でへんな自慢をし合った。

新制中学の教室は村の有志の共同作業で、掘っ建て小屋の茅葺校舎がようやく入学前日に出来上がった。机や椅子も真新しかったが、松の木の脂がべたついていた。

茅葺屋根の新校舎は、床板はなく土間だった。土間の上に脂のついた机と椅子を並べ、私たち同級仲間ははしゃいだ。

中学に入学したものの新しい教科書は一冊もなく、六年生の時に使用したものを墨で消して使った。墨消しは主に国語と修身だったが、天皇や戦争に関する内容が多かった修身はほとんど消して文字が残らなかったように記憶している。

中学二年生の二学期の出来事である。その当時の授業は午前中だけで、午後からは学校農園で農業ばかりしていた。ほとんどの生徒の家は農家だったので、家でも学校でも農業させられることにうんざりぎみだった。

秋の運動会が近づいてくると農作業は運動場造りに変わった。運動場は戦前に校舎が建っていた焼け跡の一部を使用した。校庭全体は荒れ果てていた。そこを先生指導のもと全生徒で、地ならし作業やあと片付けをした。

校庭は赤土で雨が降ると泥んこになり、滑りやすくなった。そこで平土野（徳之島）の海岸浜から白砂を運んで校庭全体に敷き詰める作業がはじまった。砂運びは、島特有の草刈竹篭に入れて頭から吊って運んだ。平土野浜から学校までは二キロほどの道のりだった。私は仲のよい友達五人と列をなして運んだ。浜から学校まではずっと坂道だった。途中急な坂道のところがあり、そこを上がりきった所に一本の大きな松の木があった。そこへたどり着くころには疲労困ぱいしていたので、休憩を取った。砂運びをして三日目に、この松の木の下で休憩を取りながら、誰が先に言い出したか記憶にないが

「俺たちは学校に勉強しに来ているのであって、作業しに来ているのではない。毎日毎日午後から作業ばかりさせられたんじゃ、頭にくる」

と島口で不満を言い出した。仲間五人は同調した。その日の作業が終わり教室に戻って来ると、二十六名いた男子級友に、「毎日作業ばかりさせられたのでは頭にくる。反抗して明日皆で学校を休もう」と提案した。

五人の仲間は小学校時代からリーダー格で、よいことも悪いことも、物事を先頭だって決める癖があった。皆は反対意見を言う勇気もなく賛成した。

翌日、私たちは集団で学校を休んだ。ただし、昨日学校を休んでいて事情を知らない級友三人が学校へ出て来ていた。一時間目の授業がはじまっても三人以外誰も出て来ないことに、担任のT先生は気が付き顔色が蒼白になったそうだ。先生は今日休んでいる学校近くに住んでいる級友の家に使いをやり、集団欠席した理由を知った。先生は三人の生徒を使って休ん

でいる生徒の家を一軒一軒まわらせ、「明日からいつものように学校へ出て来るように」と伝えた。

その次の日、私はおそるおそる学校へ出て行った。ほとんどの級友は出て来ていた。僕たちはどのような体罰を受けるだろうかと噂し合った。

一年生の時に、担任のS先生から激しい体罰を受けたときのことを思い出した。

一年前のある日、同級生全員が校庭に呼び出された。横二列に並ばされて、「気を付けー」をさせられた。兵隊帰りの新任教師で軍隊式がまだ身に付いていた。先生は後ろに手を組み、列の前を歩きながら、

「この中に女子用の便所を覗き見たものがいる。身に覚えのあるものは前へ出ろ」

とドスのきいた声で言った。誰も前へ出る者はいなかった。先生は怒った。犯人はこの中に必ずいるはずだ。出て来ないのは全体の責任だ。最近、皆弛んでいる。気合いを入れてやる。と言って、木棒で一人ひとりの頭を強く叩いていった。眼から火が飛び出た。激痛がはしった。瘤ができた。その時の激痛は後々まで語り草になった。

T先生がいない教室で、皆輪になりS先生の時以上の体罰を必ず受けるだろうと、怯えながら語り合った。

その日は何もなかった。次の日もなかった。三日目の昼になっても一言も出なかった。皆薄気味悪がった。体罰は出ないのかなという安堵の気もあった。しかし、午後になって先生

から、作業が終わったら教室に集まるように、と言われた。

私たちは緊張しながら教室に入っていった。椅子に座って「これからいよいよものすごい体罰がはじまるぞ」と囁き合った。

先生はいつもとはちがうこわばった顔をして入ってきた。それから一時間余にわたって説教がはじまった。私たちは意外に思った。

先生は私たちが取った行動が社会的にどんなに罪深いものであるかを、とくとくと説いた。その時初めて「ストライキ」という言葉と意味を知った。

私は先生が話し終わった時、感動で身が震えていたことを今でも覚えている。暴力で相手を威圧する時代は終わったのだ。戦争は過去のものとなり新しい日本がこれから始まるのだと。


終戦後の昭和二十一年（一九四六年）、父の妹Y.T.叔母一家、親子五人が鹿児島から帰ってきた。続いて父の兄H.Y.一家五人が大阪から帰ってきた。たちまちわが家は十五人もの大家族になった。

前年までの戦時中は農作物が植えられず、食べ物は底をついていた。そこへ大和からの引揚げ者が島民以上に帰ってきて、たちまち食糧難地獄がはじまった。

屋敷の周囲や畑の土手に野生的に茂生している蘇鉄を伐採し、その幹を採って毒抜きをしてから澱粉にして食べた。

天候不順、旱魃《かんばつ》、台風被害などで食糧危機に陥り餓死寸前になった時には、蘇鉄の幹を食べることができると大昔から伝えられていた。

戦後の餓死寸前の時代、父は徳之島中を駆けまわり、どこからかさつま芋を買いこんできて大家族に食べさせていた。

その時から父の借金ははじまっていたようだ。

父は農作業をほとんどしなかった。祖父や親戚の人に言わせると「怠け者」である。島では馬喰《ばくろう》を業としていた。ヤミ商売もした。島特産の黒砂糖を親戚縁者から集めて、ヤミ船に乗り鹿児島に運んだ。陸揚げして商売する前に、警察に捕まって持参した黒砂糖は全部没収された。ヤミ商売での成功は一度もなく、失敗だけを何度か繰り返した。残るは借金の山だけ。

父は先祖伝来受け継いできた田畑を売って借金返済に充てた。それだけでは足りず、家屋敷まで手放した。家は父の祖父であるKシュウが建てた家である。百年近くもたった伝統的な家だった。過去に何回も台風に遭って、周囲の家は倒れてもこの家だけは倒れなかった。

戦争時、空襲に何回も遭って茅葺屋根が燃え出したが、その都度家を必死な思いで守っていた爺と消防団員が屋根に上り火種の茅を抜き取り消し止めていた。百年近い間、幾多の災難に遭遇しても難を逃れて生きのびてきた家である。この家はKシュウが移り住み見守っている神がかりの家だ、と言い伝えられていた。

祖先から受け継いだこの家を他人に売り渡したことを知った父のいとこたちが、ある夜わが家に押し寄せてきた。彼らは荒々しく家の居間に入ってくると、

「この家はおまえ一人のものでないぞ。子孫の俺たちに何の相談もなく先祖伝来の家を売り飛ばすとは何事だ」

と罵倒の嵐が襲いかかってきた。酒に酔ったものもいた。強烈な揶揄の罵倒が家中に響いた。父は耐えかねて逃げるように家を出て行った。母は嘔吐が出るほど泣き崩れた。私は棒立ちになったまま涙を堪えて、嵐が去るまで耐え忍んだ。

数ヵ月後、家は売られて私達は平土野にある小さな屋敷にうつることになった。屋敷面積は約十分の一になり、家は約五分の一の小ささになった。

中学三年の時、阿布木名村から平土野村へ落ちぶれて惨めな思いで引っ越した。父は馬喰の仕事をしながら肉屋をしたり、小さな雑貨商を営んだりしたが、どれも上手くいかなかった。

ある時期は、全島一の闘牛を買ってきて飼った。牛小屋を借りて半年ほど飼い育てた。次の闘牛大会で期待を持って闘わせたら、負けてしまった。勝つと値は上がるが、負けると牛の値は買った時の半値以下になる。父はまた失敗を繰り返した。今度はにっちもさっちもいかなくなった。残った屋敷を売り払っても間に合わない借財だった。

父は後に私達家族を残して沖縄へ夜逃げすることになる。

私は中学を卒業すると、天城町役場に給仕として就職した。中学三年になった当初から、T先生から高校進学を強く薦められた。私は家庭の実状から進学は無理だと諦めていた。クラスに高校進学予定者が五名いた。彼らはすでに受験勉強をはじめていた。先生は熱心にわが家へ来て、彼らより成績のよい君にどうしても進学してもらいたいと、父母を説得した。だがわが家の実状はどうしようもなかった。私はこの時受けた先生からの指導の恩を生涯忘れない。役場に就職できたのも先生の推薦のお陰だった。

私は役場で給仕の仕事をしながら、いろんなことに興味を抱き勉強をはじめた。なかでも古代の格言を読み書きして、その意味を理解しようと努めた。

お茶くみから、使い走り仕事、給仕の役割をけんめいに務めて、一年たつと「雇」に昇格し、庶務係りとして机が与えられた。感激だった。机の奥向こうにH村長の大きな机があった。

村長から、

「将来はそこから、ここまで昇って来るんだよ」

折にふれてよく言われ、その言葉が励みになった。役場には約二年勤務した。

父は沖縄へ渡り、いくらか落ち着いてくると、家族を呼び寄せた。残りの家屋敷も人手にわたり、無一文になって島を追われるごとく沖縄へ去った。

暗い青春

私たち親子三人（母、妹、私）は昭和二十七年（一九五二年）十月、平土野《へとの》（徳之島）港から沖縄へ旅立った。平土野浜には、親戚が十数人見送りに来ていた。

海には白波が立っていた。伝馬船が浜辺に着き艀板から船に乗り込むと、見送り人の中からすすり泣きの声が聞こえてきた。母の姉の伯母さんたちだった。長女の伯母さんが「もう逢えないかもねえ」と言うと、母は声を出して泣いた。

浜辺から遠くの沖に停泊している沖縄航路船に乗り込み、暫くすると船は汽笛を鳴らして出港した。

空には黒い雨雲が垂れ込めていた。出港して三十分ほど経つと風が吹き出してきた。風は台風に変わった。大嵐が船体に容赦なくぶつかり、船は上下左右に大きく揺れて転覆しそうになった。船底の船室で横になっていた私たちはどうすることもできず、荒波のなすがままに翻弄された。大波の揺れに合わせて頭から直下に船底壁に叩きつけられると、またすぐ向う壁に滑り落ちた。乗船客のほとんどが船酔いで極限状態に陥っていた。

沖縄へ向かっていた船は向きを変え、島へ引き返した。平土野港へではなく、徳之島の東側、山《さん》港へ避難した。そこで天候が良くなるまで二日間停泊した。停泊の間、船から降りて山《さん》村に住む親戚のI家を訪ね、そこに二日間宿泊した。母はここまできた経緯を夜通し涙を流しながら話した。Ｉの叔母さんも涙を流しながら聞いていた。この時受けた恩は一生涯忘れられない。

船は徳之島を出て沖永良部島へ寄った。そこでまた時化に遭い一泊した。翌日与論島へ寄り、沖縄の和泊《わどまり》港に着いたのは島を出てから五日目だった。

港には父が迎えに来ていた。父は島から出港した知らせを聞いてから毎日迎えに来ていた。下船した時、海面は暗かった。桟橋に降り立つと、ライトが煌々と照っているのには驚いた。島では見たことのない光景だった。私たち親子四人は、タクシーで父の住むコザ市へ向かった。

その日からコザ市（現沖縄市）室川に住むようになった。住家はＯという家主の家で、赤いトタン屋根の十八坪ぐらいの畳のない平家だった。家主は子だくさんで家族七人が住んでいた。この家の六畳間程の片隅を借りて親子四人住むようになった。

島の家を追われるごとく、旅立ち六日目にようやく父の住む部屋にたどり着き、ほっとした。部屋に上がり畳のないことに、まず驚いた。暗い狭い部屋に裸電球が一個吊り下がっていた。私は電灯の灯りを茫然と眺めているうちに、何故か知らぬが涙がしぜんに流れてきた。戦前の島での大きな家のことを思い出していたのだ。その家には電灯はなかった。ランプ生活だった。戦後、平土野村に移り住んだ小さな家には電灯はあったが、電力不足で薄暗かった。狭い部屋の明るい電灯が、島と比較して私を妙に慰めた。

二年ぶりに、親子四人揃っての貧しい生活が始まった。父はそのころ、コザ市内の家具工場でペンキ職人として働いていた。父の給料で親子四人食うだけのことはどうにかできた。

私は翌日から職探しをした。しかし当時の沖縄にはほとんど仕事はなかった。

従兄弟のM兄に連れられて、米軍基地内の職業安定所へ行った。従兄弟兄は行くバスの中で、「おまえは家族と沖縄にずうっと暮らすのだから、楽な仕事を探したほうがいいよ」と言った。彼は一年ほど前から基地内で土木作業員として働いていた。熱い炎天下で働き、顔や腕は真っ黒に日焼けしていた。

「お金にはなるが、長いこと務まる場所ではない」と自分の職場は紹介しなかった。

安定所に二ヵ月ほど通い詰めて、ようやく仕事にありつけた。職場は軍用機が離着陸するそばのカマボコ兵舎の中にあった。弾薬庫が近くにあった。爆弾を爆撃機まで運ぶ小型トレーダの修理工場だった。職場には白人、黒人兵が約半々ずつ十名ほどいた。それに沖縄作業員が二〜三人いた。私は彼らの使い走り役だった。飛行機の離着時は爆音がすごくて、話し声が聞こえない。大声で怒鳴られる。「ギブミイ、スパナ、モンキイ」と。いつしかカタコト英語を覚えた。

数ヵ月すぎたころ、基地本部のレバー・オフィスの人事所長から呼び出しがあった。何かあったのかと、不安に思いながら事務所を訪ねた。受付で来意の旨を告げると、奥の応接間に案内された。入った瞬間冷たい空気が肌にしみた。はじめて冷房の効いた部屋に入り感動した。ここは別天地だと思った。硬くなって椅子に座っていると、暫くして、五十代ぐらいの温厚そうな日本人の顔をした紳士が現れた。ハワイ生まれの日系所長だった。所長は英語訛りの日本語で話しかけてきた。

「君は役場に勤めていたようだが、謄写版は刷れるか」

と聞かれた。私はとっさに立ち上がって

「ハイ、できます」と答えた。

司令本部印刷局の事務所内で輪転機ボーイが欠員になり、一人採用したいとのことだった。私は運よく採用された。

職場は同じ基地内とは思えないほど、静かな場所にあった。前の職場とは段違いの静けさだ。印刷局のカマボコ兵舎は十棟ほど横に並び、その兵舎を事務所と呼んでいた。事務所は冷房設備が完備されていた。前の職陽と比較すると雲泥の差だ。

職場には米軍担当兵士が二人と沖縄作業員二人の四人だった。上司の司令官は別棟にいた。仕事は輪転機を使っての印刷業務だった。一日中刷る仕事の量はなかった。秘密情報が非常に多かった。秘密情報を刷るときは担当上司が立ち会った。午後または夕方原紙を持ってきて、明朝までに仕上げるようにと指示されて残業することも多かった。概して午前中は暇だった。この暇の時間を読書の時間に充てた。

職場の同僚I氏は二年先輩、歳は一つ上だった。彼との出会いがその後の私の人生に大きな影響をあたえることになる。

彼はなかなかの読書家だった。私は彼から読書の手解きを受けた。

私はそれまで読書の経験はなかった。教科書以外、本など読んだ試しがない。Iさんは何時も二、三冊の本（小説）を持っていた。彼は時間を見つけては本を読んでいた。

最初出勤した日に、Iさんから職場案内をされた後、仕事の仕方の説明と印刷機械の操作の仕方を一とおり教えられた。私は輪転機の前に立ち、指示に従いスイッチを入れて試運転をしてみた。すると機械が勝手に動き、小気味よい音を立てながら回転する度に印刷物が積み重なっていった。私にもできる楽な仕事だと仕事に対する不安感はとれた。午前中の仕事は十一時ごろ終わった。

Iさんは自分の机の前に座り読みかけの本のページを開いて、私にも椅子をすすめながら、

「ここは勤務中でも、一仕事終わり時間が空いたら自分の好きなように使っていいよ。一日のうち三十パーセントから五十パーセント空き時間が出る。その時間は好きな勉強をしたほうがよい。自分は英語の勉強と本を読んでいる」

と言って、今まで読んだ本の名前をたくさん挙げた。私の知っている本の名は一つもなかった。私はその時まで本を見たことも買ったこともなかった。島の村には本屋はなかった。役場にいたころ、庶務係のお姉さんが古い婦人雑誌を持っていて、借りて目を通しただけの記憶しかない。あくる日、Iさんは私のために本を数冊持ってきた。その中から、Iさんのす

すめもあって、私が選んだのは岩波文庫、徳富健次郎（蘆花）著『思い出の記』だった。

私は本を手に持ったとき、ある種の感動を覚えた。本は確か原文が現代語に訳されていた。難しい漢字にはルビが付いていたが、ルビのない漢字も読めないのがほとんどだった。漢字は読めなくても読み進んでいくうちに、意味が少しずつ理解できるようになった。小説の内容が読み取れるようになると、感動がじわりじわりと湧いてきた。小説の中で最初の、家の没落の場面がわが境遇と重なり、感激感涙して読んだ。私は小説の面白さにとりつかれて、この本を朝、昼、晩、時間を見つけて無我夢中で読んだ。読み終えるまで約一ヵ月かかった。読み終えたときの感動はいまだに忘れられない。私はその後、本の虫になった。


父は、私が就職して一年も経たないうちに会社の工場長からある不正を問われ喧嘩となり、クビになった。それから仕事先を探したが、自分に合う仕事が見つからず暫く失業していた。半年ほどして、資金もないのにペンキの請負業を始めた。資金はどこからか工面してきて、材料を仕入れて、若い職人を四、五人集めて仕事を始めた。仕事場は基地の米軍を相手のバーなどが多いコザ市だった。

父は失業してから家庭に一銭の金も入れられなくなった。生活は私の薄給だけが頼りになった。薄給だけでは生活が支えきれなくなり、どん底生活がまた始まった。父は仕事をしてお金がもらえないという事件が立て続けに起きた。そのことが貧乏に追い討ちをかけた。

米壷の底はつきた。朝飯も食べず弁当も持たず、しくしく泣く母の声を聞きながら職場へ向かった。職場ではコーヒーに砂糖とミルクをたっぷり入れて飲み、空腹を満たした。職場と家庭では天国と地獄の差があった。

私はそのころ、文学書を読み漁り感想文をノートに書き、毎日日記をつけていた。そのうち感想だけでなく自分でも作品が書ける気がしてきた。実際書いてみるとそう悪くない。どんどんアイデアがわいてきた。いつも空腹で金もなくても、ペンを持っていると心だけは豊かになれたようで幸福を感じた。

そして詩や提言文を書き、地元の新聞社や東京の若者向けの人生雑誌などへ投稿した。たまに採用され紙面や雑誌に載った。載ることが私に元気を与えた。貧乏の苦しみは夢となり勇気を与えた。

「苦難よ、われに与えたまえ。文学の肥やしにする」と日記帳に記した。

第二章

夢の東京へ

昭和三十一年（一九五六年）四月三日、私は那覇港から鹿児島航路の「照国丸」に乗った。桟橋には父、妹と沖縄で知り合った友達四、五人が見送りに来てくれた。波止場は見送りの人で溢れている。色とりどりのテープがデッキと桟橋の間を流れるように結ばれた。夕陽が射して鮮やかな色彩に染まる。デッキに立ってテープの端を握りしめると、もう一方の端を握っている人の指の感触が伝わってくるようだ。

やがて、汽船は「蛍の光」の音楽の調べとともに桟橋から離れ、テープは切れて海面にさざ波のように浮かんでいた。

私はデッキの後方にまわり、人影が見えなくなるまで見知らぬ船客とともに手をふっていた。ベンチに座り島影がだんだんと小さくなっていくのを眺めながら、夢を描いて東京へ出発できるようになったこの日までの経緯をあれこれと思いめぐらしていた。

東京へ行きたいと夢を描いたのは、沖縄へ来て二年目だった。奄美大島が日本復帰した昭和二十八年（一九五三年）十二月、私が十八歳の時だった。終戦後の昭和二十一年、南西諸島（奄美、沖縄、宮古、八重山群島）は日本本土から切り離され、アメリカの信託統治下に置かれた。米軍政府の圧政に苦しむ奄美諸島の島民の中から、自然発生的に日本復帰運動が起こった。私も昭和二十五年（一九五〇年）から二十六年までの間、復帰運動のデモ行進があるときは参加していた。そのときは復帰運動の意味や意義を深く理解できないまま、先輩青年団のあとをくっついて歩いていた。だが今回奄美が日本復帰して、私たちは日本人になったのだ。日本本土へ旅行申請しなくとも行ける。身元引受人がいなくても自由に行けるのだと実感すると、心の底から嬉しさがこみ上げてきた。

翌昭和二十九年（一九五四年）、琉球大学生だった小学生からの友達のK君は早々と鹿児島大学へ転校し本土へ渡った。私は、彼を羨ましく思った。

奄美群島出身の琉大生たちがいち早く、東京、大阪、鹿児島などの希望大学へ転校し沖縄を去っていった。私たち民間作業員は受入先も金もないため、本土へすぐに帰ることはできなかった。

私は本土へ行きたいという夢を描いてから、薄給のなかから給料の半分を無理して預金をした。食事も衣服も娯楽もいっさい我慢して金を貯めた。一年ほど経ちある程度金が貯まったころ、父がある不正をして会社をクビになった。再就職はなかなか見つからなかった。父が失業してから家族四人の生活費は私の薄給にかかってきた。私の給料だけでは生活費は足りない。私の本土行きの夢は消えた。預金は瞬く間になくなった。

父は大阪での経験を生かしたペンキ屋を始めたが、これも失敗に終わった。どん底生活が続いた。私の夢は完全に消え失せた。苦難の生活は二十歳ごろまで続いた。その後父の仕事もいくらか落ち着くようになり、額が少ないが安定収入が入るようになった。妹も中学を卒業して洋裁店に働くようになり、わが家の生活もいくらか楽になった。私はそこでまた金を貯め始めた。東京までの運賃と約三ヵ月分の生活費が貯まると、今度こそ東京へ出るのだと心を決めた。

そして東京の父方の親戚へ上京したい旨の手紙を書いた。直ぐに断りの返事がきた。私はどうしても上京したいという熱い思いを再び手紙に書いた。「東京は怖い所だ。無学の君にできる仕事などは何もない。あまりにも無謀な計画だ。即刻取りやめろ。東京へは来るな」と言葉遣いは丁寧だったが、怒りのこもった返事が返ってきた。

母方の親戚にも手紙を出した。答えは同じだった。無理もないと思った。まだ顔を見たことのない、親戚の子供の世話など誰がするか。しかも先祖代々の財産を失い、家、屋敷まで売り払い、沖縄まで落ちぶれていった家の息子など世話する義理はない。と厄介者を避けるのは当然だと私は卑屈に受け止めていた。

東京住まいの先輩にも手紙を出したが、返事はなかった。親戚や島の人たちは頼りにすまいと思った。そのころ、私は若者向けの人生雑誌を熱心に読んでいた。その中の一つに『若い広場』という雑誌があった。そこへ論文、詩、短歌など投稿するようになり、たびたび載るようになった。載るたびに都会へ出たいという思いが募ってきた。私はこの雑誌社へも上京したい旨の手紙を書いた。諭すように、「東京は大変な所だからあてのない上京は慎むように」との返事が返ってきた。

断られれば断られるほど、上京したいという思いが燃え上がった。行けばどうにかなる。もう行くしかないという思いを持ち続けて二年ほど経ったころだろうか。私はついに東京までの乗船券を手にしたのだ。


那覇を出発した翌日の午後一時ごろ、船は奄美の名瀬港に着いた。東京に行く前に立ち寄るからと連絡しておいた同級のT君が迎えに来てくれていた。その夜は彼の家に泊まり、夢と不安を語り合った。そこで東京には同級生のS君がいて、日大に通っていることを聞いた。彼の下宿先の番地を手帳にメモした。

四月五日、奄美航路で名瀬港を出発し古仁屋、亀津港を経由して平土野港へ夜の十時ごろ着いた。五年ぶりである。父の妹のY叔母、母の姉妹の叔母さんたちと、従兄弟たちが迎えにきていた。父母からは、島（故郷）には借金がまだ残っているから立ち寄るなと言われていた。肩身のせまい思いをしながら島へ寄ったが、親戚の親切さに感動し涙した。

Y叔母より、東京へ行ったらT．S．叔父さん宅へ先に行くように言われた。彼は家柄もよい資産家の息子だったが、両親が幼いころに亡くなり祖父が引き取り育てた子だ。小学校時代から頭がよく勉強して先生になって、今は東京で大きな家を持ち豊かな生活をしている。祖父に恩義のある人だから、きっと面倒を見てくれると言われた。その叔父から断られたと言っても、叔母は「そんな薄情な人ではない」と言い張った。

島でしばらく親戚の家で歓待を受けながら過ごした。その間、東京の情報を仕入れた。

四月十三日夜、鹿児島行きの船に乗った。親戚が十数人また見送りに来た。五年前沖縄へ向かったときのような悲しい顔をしている人はだれもいない。私は親戚から予期せぬもてなしを受け、その親切さに、心の底から感謝を込めて別れに手を振った。


翌十四日の朝、夜明けとともに船は鹿児島の島影に近づいた。

「開聞岳《かいもんだけ》が見えてきたぞー」

先方デッキから若い男の呼び声が聞こえてきた。私は急ぎ足でデッキの先端まで行った。真向かいに小富士のような山が見えた（ああ、あの山が島歌に唄われている大和の開聞岳か）。感無量だった。

汽船が鹿児島湾に入ると波は静かになった。両側には緑の山なみが連なり、私の目には美しく映った。（とうとう大和にたどり着いた）という感激で胸がいっぱいになり、感涙で頬が濡れた。

鹿児島港から、私はトランクを肩に担ぎ風呂敷包みを手に持って、西鹿児島駅まで歩いて行った。そこは始発駅で、人がごった返していた。もの心ついて初めて乗る汽車に期待と不安を抱いていた。切符を買うのも、改札口に入るのも、ホームへ上がるのも、すべて初めての体験。目を白黒させながら十一時発大阪行きの汽車に乗った。汽車は満席だった。通路に新聞紙を敷いて座り込んでいる人が大勢いた。その中に潜り込むようにして荷物と一緒に座った。

大阪へは十五日の昼ごろ着いた。従兄弟のM兄とYが迎えに来ていた。沖縄で会って以来、二、三年ぶりの再会だった。M兄は沖縄にいたころ真っ黒に日焼けしていたが、今は日焼けがとれて蒼白くさえ見えた。あいさつを交わすと関西弁が流れてきた。すっかり変わったな、都会人になったなあと感じた。

大阪は、私が生まれて四歳まで育った所。生まれ故郷でもある。が、記憶にはほとんどない。故郷の感覚もなかった。生まれ育った大正区鶴町に従姉妹のYの家があり、そこへ連れられていった。家に着くと小さな仏壇の前に座り、祖父K.Y.、伯父H等祖先の位牌に線香をたて礼拝をした。そこへT伯母さんがお茶を持って上がってきた。

「よくもまあ、思い切ってやって来たねえ。東京にはあてがあるのかい。仕事先は決まっているのかい」

と話しかけられた。私は何もないと答えると叔母は呆れ顔になった。東京で就職するのは難しいから大阪で探したらと言われた。それから説教が始まった。「たかが二、三万の金で三ヵ月くらい生活できるという考え自体が甘すぎる。東京は「生き馬の目を抜く」と言うぐらい恐ろしい所だ。東京は学問しに行く所だ。学校へ行く目的のないおまえの行く所ではない。中学しか出てないおまえにできる仕事など探せるはずもない」。伯母さんは私の身を案じて話を続けた。私は、伯母の話を心の中で反発しながら我慢して聞いていた。伯母は私の東京行きの意志が固いのを確かめると、居場所だけは確認してから行きなさいと言って、東京のT.S.叔父さんに私の世話を頼んでくれた。

伯母さんの家に三泊世話になり、またM兄やYらに見送られて大阪駅から夜行列車で東京へ向かった。昭和三十一年四月二十日午前十時ごろ、沖縄を出港してから十八日目に、やっと「夢の東京」に着いた。

夢を見て夢を追いⅠ

東京駅には、誰も迎えに来ていなかった。T.S.叔父さんには、大阪で見送ってくれたいとこのYから、迎え依頼の電報を打っているはずなのに。叔父に会えなかったら「どうしよう」と思うと、不安になってきた。叔父は待てども待てども来なかった。頭が真っ白になった。この不安で、夢の東京へ来た感激はどこかへ吹き飛んでしまった。大都会の風景は何も目に入らなくなった。

私は東京駅への出迎えを、同級生のS君にも頼むつもりだった。彼に駅へ着く月日と時間、汽車名を知らせる電報を打つ約束をしていた。が、私は大事に持っていたはずの彼の下宿先の住所を見失ってしまった。電報を打てなくなったときから不安が始まった。叔父の出迎えを神頼みにしていた。

私は駅のホームに茫然と佇み思案にくれた。ホームの待合室で荷物をほどき、丹念にS君の住所を探していたら、彼の住所は見つからず、一級先輩のI．T．氏の住所が見つかった。駅員に電報を打つ場所を聞いて、I兄に直ぐ電報を打った。迎えに来てもらえるか分からぬまま不安な気持ちで待ち続けた。駅員が何回も不審な眼差しで「出迎えはまだか」と聞いてきた。

二、三時間経ったころか、I兄が、息を弾ませながら駆け寄って来た。私はほっとした。彼の汗ばんだ顔が仏さまに見えた。

I兄の下宿先で三泊お世話になり、それからS君の下宿先を訪ねた。彼は東京駅での経緯を聞いて、びっくりした。「無事で本当によかった」とねぎらってくれた。

S君に連れられて、四月二十四日、T．S．宅を訪問した。

「心配しながら待っていたよ。よう来た。上がれ、上がれ」

T叔父とS叔母が、玄関で初めて会ったとは思えない温かい笑顔で迎えてくれた。

「Yから電報はもらったけれど、汽車名も時間も分からない。それにまだ会ったことのないおまえの顔が分からないのでは、迎えに行きようがなかったよ」

叔父は心からすまなそうに言った。

その夜、T夫婦は私を歓待してくれた。沖縄から東京へ出たい懇願の手紙を書いて拒否されたことが嘘のように思えた。島のY叔母が言っていたこと、大阪のT伯母さんが話していたことは本当だった、としみじみ感じた。両叔母が私を不憫に思い、T叔父に電話でよろしく頼むとお願いしてあったのかと思った。私は予期せぬ歓迎ぶりにとまどい、涙が出るほど嬉しかった。

叔父は酔うと、少年時代爺とすごした日々のことを思い出し話し始めた。

叔父は、爺に連れられてさつま芋の植え付けから芋掘り、田植えから稲刈りまでさまざまな野良仕事をしたという。季節ごとに植え付ける野菜類や豆類の品名について話すときは島の言葉だ。爺のしぐさまで交えながら話してくれた。

いちばん印象に残っていることは、砂糖黍から黒砂糖を製糖する時期に、クンマロ（砂糖黍絞りをする所）で牛追いをしながら食べたサトウ黍の甘い汁の味だという。

T叔父は大正時代に、私は昭和十年代に、爺と一緒に同じ家で、同じ田んぼや畑で同じような仕事をしてきたのだと思うと、親しみがこころの底から湧き出てきた。

S家の家族は、夫婦とまだ小学生だった息子二人と娘一人の五人家族だった。そこに甥の中央大学生だったS君が同居していた。私は六畳間の部屋に彼と同居することになった。下宿代は彼と同じ五千円を払うことに決めた。

S君は礼儀正しかった。叔父叔母の前で話す言葉使いや態度は、私と数段の差を感じた。彼の父親は鹿児島市内で弁護士をしていた。市内の弁護士会会長も務めていたとのことで、子供の躾は厳しかったと聞いた。家庭環境の躾の違いを彼の一挙一動を見て読み取れた。品のよさを羨ましく思った。彼は心も優しかった。初めての共同生活を彼の優しさで安堵することができた。

昭和三十一年五月一日、明治神宮外苑で初めてメーデーを見た。その日の朝は失業という憂鬱な気分に押し潰されそうになっていた。東京へ来てから職探しをして、数ヵ所面接したがどこにも採用してもらえない。今日は仕事探しはやめて、気分転換にメーデーを見ようと思ったのだ。

信濃町駅で降りて、神宮外苑を見渡すと森の緑がまぶしい。外苑通りに出ると、人波の多さに圧倒された。

赤旗を持った鉢巻男の姿が私の目に飛び込んできた。勇ましくかっこよく映った。さまざまなプラカードを上下させながら、その男を中心にして道路いっぱい横並びになって前進していた。色とりどりの帽子や鉢巻、無帽の黒髪がプラカードの合間にぎっしりつまり、黒波のように後方に続いていた。プラカードの文句をリーダーのあとに続いて大声で叫んでいた。あちこちで交互に叫ぶので意味はよく聞き取れなかった。ただ「貫徹、貫徹」だけが耳に残った。

私はこれらの光景を見て、身震いするような感動を覚えた。叫ぶ文句は悲壮感漂うものだったが、参加者の一人ひとりの顔は明るかった。デモは愉快そうだった。みんなメーデーを楽しんでいる。羨ましいと思った。私もいつかはメーデーができるような企業に働き、メーデーに参加してみたいと夢を見た。

東京へ来て二十四日目に、ようやく仕事が決まった。沖縄を出ておよそ二ヵ月が経っていた。金は底をつき始めていた。新聞広告を見て、昼間の印刷工のような仕事を望み、十数ヵ所へ応募したがことごとく断られた。仕事があれば何でもよいと思った。直ぐに働ける職場は、夜の水商売しかないということが仕事を探しているうちに自然に分かってきた。

五月十三日午後三時ごろ、私は新聞広告を頼りに、新宿三丁目にあるニッカバーへ応募に行った。夜は客席になるテーブルに、私と年がいくつも違わないように見える若い店長が現れた。年齢は十九歳までと書いてあったので、三歳若くした履歴書を店長の前に差し出した。店長は履歴書を手に取って見ながら、

「沖縄から来たのか。東京へは何の目的で来たのかねえ」

と言う。私はとっさに返事につまった。

「ボーイの経験はないのだね。ところでこの住所は確かな所かね」

「はい、私の叔父さんの所です」

と私は答えた。

「直ぐにでも、住み込みで働けるか」

「はい、働かせてください」

簡単に採用された。あまりにも呆気なく採用されたので、就職した喜びは露ほども感じなかった。

その日から早速働き始めた。店の勤務時間は、早番は十二時から夜中の十二時まで、遅番は午後五時から明朝の五時まで。住み込みでないと勤まらない理由が分かった。

私は店の三階にある屋根裏の宿泊場所へ連れて行かれた。狭い、汚い部屋を見た瞬間、〈豚小屋みたいだ〉と嫌な気持ちになった。そこで店長から自分のロッカーを与えられ、ユニフォームをもらった。白い詰襟服に着替え、一階の店へ降りて行った。店内ではボーイたちが、椅子をテーブルの上にのせて床掃除をしていた。店長がみんなに私を紹介した。それから店内を案内し一つひとつ説明していった。ピカピカ光った長いカウンターの奥棚に、ニッカウヰスキーのビンがずらりと並んでいた。色とりどりの洋酒もあった。その前にワイングラスやコップが輝いていた。私の目はこの美しい光景と、私たちが寝起きする部屋の落差に驚き複雑な心境になった。

私の最初の仕事はドアボーイだった。そのころは現代のように自動ドアはなかった。客が来たらドアを開けながら「いらっしゃいませ」と出迎え、「ありがとうございました」と見送る仕事だ。最初はあいさつの言葉と声が出なかった。チーフから何回も注意され叱られた。

客の出入りは七時ごろから多くなり、十時ごろがピーク時間。忙しく客をテーブルやカウンターへ案内しているときは感じないが、十一時ごろから客足がまばらになり立ち時間が多くなると、両足が痛み出してきた。立つのが苦痛になり、休み時間が待ち遠しかった。

店は二店舗あった。歩いて二、三分ぐらいの所に「メキシコ」という店があった。従業員は両店合わせて三十名ほどだった。従業員の出入りははげしかった。一週間経たないうちに、後輩が入店して来てドアボーイから解放され接客係になった。

一ヵ月後に「メキシコ」店に移された。そこには当時としては貴重なテレビがあった。テレビを見るのがこの店での楽しみだった。そのころ、夏場所の相撲実況をしていた。五月三十一日の日記帳に、

「昨日、朝汐（太郎＝一代目、徳之島出身）が勝った。感激。店では東宝の女優さん等お客さんがいっぱい見物していた。朝汐は女性ファンが圧倒的らしい。ファンの一人は熱狂していた。この感激の気持ちを父に手紙で書こう……」と記してある。

父は、朝潮（最初のしこ名は朝潮、のち一時朝汐に改名）がまだ少年時代、徳之島で行司差しをしていた。朝汐（本姓米川）が徳之島で最後に取った相撲の行司を俺が差した、というのが自慢だった。

東京へ夢を見て出て来て、現実の厳しさに夢は残酷に打ち砕かれた。早番の日は深夜十二時まで休みなく働く。そのまま朝の五時まで働くことも少なくなかった。屋根裏の暗く狭い部屋に倒れこむように帰っても、睡眠は五、六時間しか取れない。自分の時間がないともがく。

東京へ何しに来たんだと、頭をかきむしり煩悶する。そんなとき、日記を書くことだけが夢へのかけはしだった。

夢を見て夢を追いⅡ

昭和三十一年六月二十五日、私は東京銀座四丁目にあった純喫茶店がボーイ募集をしていたので応募に出かけた。その店はそのころ人気女優だったYが経営している高級喫茶店だった。

十一時十分すぎに店に入ると、十名ほどの応募者が先に待っていた。募集数は数名だったので、順番、年齢、学歴、容姿すべての面でダメだと思いながら順番を待っていた。

面接会場は二階の奥の客席にあった。そこに店長と合わせて三人の面接官が座っていた。店長は私の履歴書に目を通したあと、そばのボーイ長に渡した。履歴書の内容については一言も聞かなかった。三人でこそこそとしばらく話していたが、

「この子がよさそうだ」

と店長が二人をうながすように言った。

採用が決まった。条件は本給四千五百円、手当約五百円、食事二食付き、交通費支給、月に二枚映画招待券。勤務時間は、午前九時から午後五時まで、午後五時から十二時までの二交替制、休憩時間一時間、と説明を受けた。

私は夢ごこちで採用条件を聞いた。店長から、条件が合えば明日からでも勤務してよいと言われた。嬉しさがこころの底から込み上げてきた。どうしても明日から出勤したいと思った。店を出ると、その足で世田谷のT．S．叔父宅へ向かった。S叔母に、採用のいきさつを話して「二食付き月額二千円でまた下宿させてもらえないか」と頼んだら承諾してくれた。居場所が決まりうきうきしながら新宿へ飛んで行った。

現勤務先「メキシコ」のマネージャーに「今日で辞めたい」と申し出ると「いいよ」と簡単に了解してくれた。その日は午後七時ごろまで働き、積立預け金と給与残高五千円をもらい、荷物をまとめて、東京で初めて勤め、四十四日間働いた店を出た。

翌二十六日九時前に出勤した。ボーイとしての仕事内容の説明を受けたあと、誓約書にサインをさせられた。誓約書には左記のような条文が記されてあった。

一、社則を守ること。二、時間を守ること。三、公休、欠勤の場合はマスターに届け出ること。土、日曜日は遠慮すること。四、売上伝票は必ずつけること。たとえ親、兄弟が来ても着け落としはしないこと。五、社員同士の恋愛は厳禁とする。（注　番号付けは筆者）

私は誓約書を読んだ時、第四項目の売上伝票に関する意味が理解できなかった。よく理解できないままサインしながら、すばらしいしっかりした会社に就職できたのだなあと嬉しさがまた込み上げてきた。

店は高級な雰囲気だった。一階、中二階、三階に客席サロンがあった。そこに三十人ほどのボーイ、ウェイトレス、コック、カウンター係り等の従業員が働いていた。ボーイ仲間では私が年上だったがいちばん幼く見られた。背が低く坊ちゃん顔をしていたので。彼らの年齢は十六、七、八止まり。私は二十二歳。五、六歳も若い職場の先輩に仕事のテーブルマナーを小ばかにされながら教えてもらった。この年になるまでまともな職に就けなかった自分に、不甲斐なさを感じ悲しくなった。

一週間も経つと職場には慣れた。店には有名、無名、新人などの映画スターが客としてよく現れた。ある日、そのころはまだ新人スターだったY.I.とY.N.が来店した。入口にどよめきが聞こえたので中二階から見下ろすと、二人が粋なスタイルで立っていた。若い女性客数人が二人を取り囲みキャーキャー騒ぎ出した。私たちボーイ仲間は中二階か三階へ上がって来ないか期待して待っていたが、彼らは娘たちの騒ぎで席にも着かず店を出て行った。

私は二人が昭和九年生まれであることを映画雑誌などで知っていた。同年という親しみで彼らのこれからの活躍を期待し、こころの中で応援していた。私はボーイ仲間に、

「Yは俺と同じ年だよ」

と思わず言った。

「ええ、おまえ、そんなに年食ってんのか。同じ年にしちゃ、月とすっぽんだなあ」

十七歳のボーイは小馬鹿にしたように言った。

この店に勤めるようになって時間にゆとりが出てきた。世田谷の下宿先から銀座の店までの通勤には約一時間かかる。午前九時から午後五時までは働く拘束時間。それ以外は自分の自由時間。自分の時間のほとんどを読書に費やした。読書は文学書のみに偏っていた。沖縄にいた十八歳のころから読み始め、日本文学から世界文学へと読書世界を広げていった。世界文学はロシア文学が好きだった。特にドストエフスキーが好きになった。彼の全書は買えないので図書館へ行って無我夢中で読んだ。『貧しき人々』は繰り返し読んだ。自分ではすっかり文学青年になったつもりだった。東京へは作家を夢見て出て来た。なのに、その道は険しく何にもできない自分自身に苛立っていた。

昭和三十一年十月二日、日比谷公会堂で文化講演会があった。東京五百年祭りイベントの一環だった。雨の中、有楽町駅から歩いて公会堂へ午後一時十分前に着いた。会場には聴講者が席の七十パーセントくらいしか埋まってなかった。前の方に席が空いていたので壇上がよく見える場所に座った。

講師は文士といわれていた人物たちだ。講演順に野田宇太郎・円地文子・青野季吉・伊藤整の先生方々だった。

私は初めて文士の講演を生で直に聞くことができるということで興奮していた。これで東京に出て来た意義があったのだと。そのころ私が講演者の名前で知っていたのは円地文子と伊藤整だけだった。二人の作家の作品も読んでいた。前日、伊藤整の『若い詩人の肖像』を読み終えたばかりだった。作品に感動しその余韻がまだ残っていた。伊藤整は当時『チャタレー夫人』裁判でも話題の人物だった。イギリスの作家Ｄ・Ｈ・ローレンスの作品『チャタレー夫人の恋人』を日本語に訳した伊藤整と版元の社長が、作品内に行き過ぎた性描写があったとわいせつ物頒布罪が問われた事件だ。

最後の講師として、伊藤整氏がマイクの前に立った。猫背で前かがみしながら歩いてきた姿を見て、お人よしの気弱な性格という印象をもち、作品とは違うという不満を感じた。

「わたしがかの有名な伊藤整氏です。五つの顔を持つ男。大学教授、小説家、評論家、翻訳家、それに裁判被告……」

と変わった自己紹介から話し始めた。前の三講師の講演内容はすっかり忘れているが、伊藤整の自己紹介だけはいまだに覚えている。講演終了後、出入口で伊藤整の『火の鳥』と『文学入門』を買って、サインしてもらおうと楽屋裏へまわった。職員室のような部屋に伊藤整が威厳ありげに座っている姿が見えた。中に入ろうとしたが自分のような者が近づいてはいけないような気がして、廊下を行ったり来たり、二、三回往復してあきらめた。

翌日の夜仕事から帰って、伊藤整宛てに長い手紙を心魂かたむけて書いた。長い時間をかけたが読み返してみると、字の汚さと文章の下手さに愕然とした。これでは二、三行読んでポイ捨てされると思った。悔しい思いをしながら出すのをやめて破り捨てた。

同人雑誌

私は純文学雑誌『文学界』『新潮』などを二十歳の時から定期購読して読んでいた。石原慎太郎が『太陽の季節』で、文学界新人賞を大学生で受賞して話題になったころである。続いて『太陽の季節』は芥川賞を取り、文学界以外にも大きな話題となって広がっていった。『文学界』を読み始めたのはこの話題がきっかけだったような気もする。文芸雑誌の後ろのページには「同人雑誌」紹介が載っていた。文芸評論家が全国からの同人雑誌を何十冊か読み、優秀作品を選んで雑誌に掲載、読んだ同人誌の総評をしていた。私はここを読むのが好きだった。

沖縄では見ることのできなかった同人雑誌を、新宿の紀伊國屋書店で多数発見して感激した。立ち読みしながら自分に合いそうな誌を探した。二、三冊買い求めた。その中の一冊『文艸』社へ同人に入会したい旨の手紙を書いた。

十二月六日夜の十二時ごろ、通し（職場では早番から遅番まで通してやる残業を「通し」と呼んでいた）の仕事を終えて帰ってくると、机の上に一枚の葉書があった。取り上げて見ると『文艸』編集部からだった。私は編集人T氏宛に出したのに、返事は作家のK氏から来ていた。『文艸』にはK氏の「独り狼」と題する作品が半分以上のページを割いて載っていた。作品は舞台が北海道の自伝的な小説だった。少年のころの描写はよく読めて理解もできたが、読み進むにつれて難しくなり読みづらくなってきた。読みづらいのは自分に読みこなせるだけの能力がまだそなわってないからだ。K先生は難解な文章も書ける偉い作家なんだと思った。その先生から返事が来たのだ。

葉書には一度訪ねて来るようにと書いてあった。私は嬉しくなり、翌日電話してアポイントを取り二日後訪ねて行った。

文艸社は渋谷駅近くの地下鉄ガード下にあった。場所が分かりにくく、近くまで来て二回も電話してようやく見つけ出した。想像していた会社のイメージとは天地の差があった。指定された午後八時を二十分ほど遅れて社の中へ入っていった。小さな応接間に通された。そこへ、髪をオールバックにして黒いチャイナ服を着た四十代ぐらいの男性と年は二十二、三歳と見られる髪をカールにした美しい女性が連れ立って入ってきた。お互い、名刺は出さず口頭で自己紹介をした。

「Kです」

「Tでございます」

と言ったあとで、この名前はペンネームだが文学仲間はこれでいいだろう。会社では社長と秘書の立場にあるが、「文艸」では同じ文学仲間で上下関係はないと言われた。

私は二人の前で、緊張し硬くなっていた。試験官の前で入社面接を受けているような気分だった。私の緊張をほぐすようにＫ氏は「文学仲間には上下関係はないのだよ」と優しく声をかけてくれた。

Ｋ氏は、自分の作品が同人誌推薦作、十篇に当選して『新潮』十二月号に掲載されている。「読んでないかね」と言った。私は首を横にふった。「まだ同人誌のところまではいってないが、帰ったら直ぐに読んでみます」と笑顔で答えた。

三人で文学談議を二時間近くした。その間、Ｋ氏は私をテストしていたようだった。

「君を文艸同人に推薦しておくよ」

Ｋ氏が私の肩を叩きながら言った。

同人誌

昭和三十二年（一九五七年）一月一日、夢の東京へ来て初めて迎えた元旦に、抱負に満ちた長い日記が記されてある。その中に「今年こそは創作に熱中する。一作をものにして誰かに認められるよう努力する。その誰かは必ずしも現文壇の有名人とは限らない。自分の作品を理解する作家にめぐり会いたい。文壇に出られるような作品を書きたい。否、今年こそは懸賞小説原稿が描けるようになり、書いて応募する……」とながながと夢を書いてある。

元旦の朝届いた年賀状の中に、沖縄のＴ．Ｉ．さんからのものがあった。彼は年賀状に「今年こそは何か〔あっと〕言わすようなことを期待する」と書いてあった。彼は私を文学に目覚めさせた恩人である。彼の賀状に奮い立って、いつもの三倍ぐらいの日記を原稿用紙四枚に書き連ねた。

純喫茶は大晦日十二時まで営業した。閉店後、一時ごろまで後片付けをして大掃除をした。掃除を終えると、マネージャーがボーイたち七、八名を連れて近くの年越しそば屋さんへ行った。そば屋の前はかなりの行列だった。待ち時間、マネージャーは、

「今日は遅くまでよく働いてくれたから、年越しそばは俺の奢りとする。腹いっぱい何杯でも食べていいよ」

とにこにこしながら言った。

そば屋に入ると、私は初めて食べる本物のそばが運ばれてくるのを固唾を飲んで待った。米軍基地で働いていた時に、Ｉさんからそばのことについて教えられたことがある。

「沖縄には本当のそばはないのだ。本当のそばはそば粉からできる。沖縄でそば粉を使ってできたそばを見たことがない。小麦粉で作ったそばとは味が全然違うのだ」

沖縄の郷土料理「沖縄そば」は、小麦粉とかん水などで作られていて、そば粉はいっさい使われていない。これはこれでうまいのだが、本土でいうそばとは別物なのだ。

彼は終戦まで大阪で育ち、本物のそばを知っていた。その時のことを思い出しながらそばを待っていた。

そばがざるに盛られて出てきたことじたい、不思議に思いながら、そばつゆにそばをひた

して口にした瞬間、その味気なさにがっかりした。沖縄で食べた脂っこいおいしいそば以上の味を期待していたのに。

年越しそばを食べたあと、ボーイ仲間五人で明治神宮へ初詣に出かけた。代々木駅で降りて神宮へ歩いて行った。代々木門の入口から大変な人ごみだった。暗い森の中を押し合い圧し合いながら、のろのろと押し流されるように歩んでいった。本殿にたどり着くまでにはかなりの時間がかかった。ポケットに手を入れて小銭を出すことさえできなかった。自分の意志では動けない。人波の大きなうねりに押し流されて出口門を出た時には、一緒にいた仲間は一人もいなかった。

このような辛苦な思いをしながら初詣に行く東京の人間が「馬鹿に見えた」と当時の日記には書いてある。

私は元旦に「創作に熱中する」と書いたあと、創作に没頭した。とはいっても朝五時に起きて仕事へ出かける前の時間しかない。二時間ほどを使って、原稿用紙の前に座った。

原稿は二、三枚すらすら書ける時もあれば、一、二行書いて止まる時もあった。また一字も書けず悶々とする日もあった。毎朝、創作の構想を練って書き始める。書き出しには時間がかかる。ようやく創作にあぶらが乗りきったころ、出勤時間になった。私は創作を妨げる出勤時間に不満を感じた。創作時間が欲しい理由から、職場を一月二十四日に辞めた。退社時にマネージャーから給与手取り五千六百円と餞別として千五百円もらった。この餞別がどういう意味だったのかよく分からない。

二月に入り、ようやく三十数枚の小説を書き上げた。二月九日の夕方、原稿を持って渋谷の「文艸社」を訪ねた。K先生は社長の立場で社員と言い争っていた。一切の妥協を許さない現場の厳しさを感じた。目は鋭く光っていた。そのうち社員はおとなしくなった。また次の社員を怒鳴っていた。大声は喧嘩のように聞こえた。

「文艸社」が入っているビルはガード下にあるので、地下鉄が通過するたびにものすごい轟音を響く。会話の声は自然に大きくなると社長から説明を受けた。

応接間で三十分ほど待つと、K氏が社長服をチャイナ服に着替えて現れた。

「待たせてすまなかった。ご覧のようにいつも夕方は戦争なんだよ」

私は恐縮して頭を下げた。

「何か書いているか?」

K氏は優しい声で言った。

「ええ、書きました。その原稿を先生に見てもらいたく、持って参りました」

私は原稿を差し出しながら言った。

先生は原稿を手にして題名を見た瞬間、

「この題は拙いな。悪い印象を与える。変えたほうがいい」

と釘を刺すように言った。題は「肉欲」。一人の青年の性の目覚めを描いた作品だ。私は先生の話をうなだれて聞いた。

「前と比べると上手くなったよ。しかしここの所は不要だ。こんな文句が出てくると読者はすぐ捨てちゃう……」

と言いながら、赤ペンで原稿に線を入れ消していった。二ページを開けて半分も読まないうちに、

「おっと、今日は時間がないからあとでよく見ておくよ」

と言って、原稿を後ろの棚に収めた。

私は失望感におそわれて「文艸社」を出た。


二月二十四日「文艸」の同人会に初めて出席してみた。会場は高田馬場駅近くの喫茶店「大都会」だった。三時ごろ会場に着いてみると十人ほどの同人が集まっていた。「文艸」六号作品の批評が始まった。約三時間のあいだ私はただ黙って聞いているだけだった。

作品評の議論の詳細がよく理解できなかった。

批評し合った後、次回七号作品の登載選定が行われた。私の作品も応募の一つとして取り上げられた。「まだ作品の域に達していない。未熟だ。基本から出直しだ」。様々な酷評が出た。私の作品は即、没になった。私はいたたまれない気分になり、その場に深く沈み込んだ。

仕事を辞めてまで、打ち込んで書いた作品が酷評され、小説の基本からやり直せとまで言われ、大きなショックを受けた。自分なりに、伊藤整、丹波文雄そのほかの作家の「文学入門」や「小説作法」などを読み、基本は身に付いているつもりでいたが、一人よがりで基礎ができていないことが分かった。同人誌で基本から学び直そうと思った。

三月一日、東京へ来てから三度目の仕事に就いた。場所は新橋駅前、キャバレーボーイだ。名はランデブー（アルバイトサロン）、ネオンの派手な店だった。勤務時間は午後二時から十一時三十分まで。純喫茶当時のボーイ仲間に誘われて入った。給料はチップ収入があるので前よりもよかった。私の魅力は時間だった。十二時すぎに出ても出勤時間に間に合う。それまで文学の勉強ができる。

ショックを受けた後、創作意欲をなくし作品が書けなくなっていたが、ランデブーに勤め始めてしばらくすると、また意欲が湧いてきた。私はまた書き出した。短編（十三枚）を苦心して書き上げた。その作品をK先生に届けておいた。しばらくして先生から呼び出された。先生の前に立つと、「今度の作品は憎らしいほどの傑作だ」。

思いがけない言葉が飛び出してきた。私はきょとんとしてあとの言葉を聞いていた。

「これは『楢山節考』（深沢七郎著、当時話題作）を思わせる素晴らしい作品だ。今度同人になった、読売新聞小説募集に入選したことのある○○君にも読んでもらったら、彼もすごく褒めていた。次の「文艸」七号に推薦しておくから」

とにこにこしながら言った。

作品は、島で小学校時代に出会ったフリムン（狂人）マント姉のことを、ガジュマル（南国特有樹）の下の道端で野垂れ死するさまを少年の目でとらえて描いたものだった。

五月初めに、「文艸」七号が発刊された。その中に私の処女作といえる「マント姉」が載った。嬉しかった。

ある作家訪問

東京へ来てまもなく、新宿紀伊國屋で買い求めた雑誌の中に『新日本文学』があった。その雑誌の目次を開いてみると、「沖縄島」というタイトルが目にとまった。作者は「M.S.」とある。初めて知る作家だった。作品は連載小説終戦時からの沖縄島のことが描かれていた。

私は吸い込まれるように読み出した。今まで見、聞きしたことが手に取るように描かれてある。主人公の一人、清吉が基地建設の土木工事現場で、奄美群島出身の「米」という一字姓の男と親しくなる場面から私の興味は一段と深まっていった。二人の対話を通じて沖縄島、奄美大島、徳之島などの歴史が綿密な調査をして、琉球王国、奄美の島津征伐、徳之島の砂糖哀話などが描かれていた。私はそれを読み感激し、作者のS先生に手紙を書いた。感激文のあとに「お会いしていただけませんか」と書いた。ＯＫの返事がきた。

昭和三十二年（一九五七年）八月十一日の午後、三鷹のＳ先生宅を訪問した。先生は東大卒のインテリと聞いていたので、文章からも精悍で敏感な攻撃的な人物をイメージしていたが、私の予想は外れた。実際に会ってみると、小柄で温厚な優しい人物だった。

奥さんに案内されて書斎に入ると、先生は机に向かって原稿を書いていた。机の横にベッドがあった。その上に数冊の本が乱雑に置かれていた。本棚には本がいっぱい詰まっていた。私は作家の部屋を初めて見て感動していた。あいさつを交わした後、私が「沖縄島」について質問するかたちで話が始まり、二時間あまりも文学談議をした。談話中、持ってきた「文艸」を差し出して自作の「マント姉」を読んでもらった。

「いい小品だね。これを三十枚ぐらいに書き直してみないか」

と言った。続けて先生は、

「もうすぐの八月十五日に『沖縄島』が筑摩書房から発行されますから……」

とはにかむように言った。

私は刊行と同時に銀座の書店で買い求めた。

「沖縄島」は大手新聞の文芸欄に取り上げられた。いずれも好評だった。わがことのように嬉しくなって読んだ。

山中湖合宿

私はその年の四月、目黒駅近くにあった目黒通訳養成所に入学した。試験のない半年や一年コースの英語塾に通っていたことはあったが、入学試験を受けて入ったのはここが初めてだ。東京へ来てからも津田塾他数ヵ所の似たようなコースの英語塾へ、文学を志しながら通った。どこもまともに卒業はしていない。沖縄にいたので英語はある程度話せたが、スラングではなくきちんとした英語を学びたいと考えていた。

昭和三十五年(一九六〇年)七月二十二日から二十五日まで目黒通訳養成所の学生メンバーと一緒に山中湖へ合宿に行った。

出発する日の朝は五時ごろ起きて旅支度をした。先生からは出発時間(七時二十分)には遅れないようにと何度も言わてれた。学生気分で、三泊旅行は初めてで、学生気分でうきうきしていた。バッグに肌着やスポーツ着などを詰め込み、そのころ住んでいた代々木の部屋を六時ごろ出た。

新宿駅西口から、観光バス五台に引率の先生達を含め約二百名の生徒が分乗して乗りこみ時刻どおりに出発した。私は三号車の十一番目の後席に一人で座った。前の席の左側には女性が右側には男性がペアで座り、学校で指示されたとおりの英会話のあいさつが始まった。

学校ではこの旅行はアウトドアレッスンであるから、車中も日本語を使わず英語で会話するように注意されていた。初めは「えーとお」と言いながら英単語を頭の奥から引き出すカタコト英語で喋っていたが、そのうち爆笑があちこちから聞こえてきた。まもなく英会話は消え、かん高い声のおしゃべりと笑いで車中は騒がしくなってきた。私は一人話す相手もなく、前の騒音をわびしく聞いていた。そのうち顔は前の方向から窓外へ向いていた。額を窓ガラスにくっつけるようにして景色を眺めた。大都会の移り行く風景の街並みをしみじみと眺め、一人感動に耽っていた。

新宿から立川を過ぎ、だんだんと田園風景が見え出してくると、田舎での修学旅行の記憶がよみがえってきた。

それは昭和二十四年（一九四九年）の秋、新制中学三年の時、徳之島一周の修学旅行だった。わらじを履いて周囲二十四余里（九十六キロ）の道のりを歩いた。わらじは自分で藁を編み三足作った。わらじを作った時の記憶も甦った。わらじ作りは小学生のころ爺から教えてもらったのだった。作りながら旅行の日が来るのを楽しみにしていた。

終戦後まもなく、物資不足の時期で、米持参の旅だった。たしか白米一升が携帯品だった。かんかん日照りがいくらか収まった九月の末に、級友男女約五十名、ふだん裸足になれた足にわらじを履いて、天城中学校を出発した。待ちに待った修学旅行である。みんな日焼けした顔に白い歯が光っていた。

そのころ、島には大勢の学生が泊まれる宿泊施設や旅館はなかった。村の民家に十名ぐらいずつ分かれて泊まった。一日目は犬田布《いぬたぶ》村の民家に。民家の名前、部屋の広さ、誰と何人で宿泊したなどについてはほとんど忘れているが、ガジュマルと石垣に囲まれた萱葺き屋根の家と、持ってきた米を三分の一に目盛りで分けて渡したことは覚えている。

旅行は三泊四日だった。二日目は面縄《おもなわ》村、三日目は井之川村の民宿に寝泊りした。旅行中の時間的な行動の流れはほとんど記憶にないが、いまだに印象に残っていることを記してみる。

一日目、学校を出てから兼久《かねく》、大津川《おおつがわ》、瀬滝《せたき》村などを通って、深い谷底にある秋利神《あきりがみ》川へ降りていった。秋利神川は島いちばんの大川である。三京山から流れ出る水量は島で一番だ。川幅が広く、水量の多いこの川は昔から一度も橋が架けられたことがない。島で唯一橋のない川だった。島を一周するのにこの川を渡るのが難儀だった。私たちは坂道を降りながら、うまく川を渡れるだろうかと話し合い心配した。大雨が降り水かさが増して渡れなくなり、引き返した先輩たちがいると聞いていたので。

川辺に着くと、水流の上に川石頭がてんてんと見えた。石頭の現れ具合で川の深さを引率の先生は知ることができた。

「その（半ズボン）まま渡れ」

と号令がかかった。私たちは川に飛び込むように入っていった。水は膝ぐらいまでしかな

かった。渡り終わった向こう岸で、

「パンツまで脱がずに渡れてよかったね」

と級友の誰かが言った。

二日目の昼には、面縄《おもなわ》中学校でバレーボールの親善試合をした。

このとき思いがけない再会があった。私たちが小学四、五年生のころ天城小学校に赴任してきた稲田先生という男の先生がいたのだが、その稲田先生はこの村の出身で、面縄中学校の教頭か校長先生になっていたのだ。以前は相撲取りだったと噂の体格の立派な先生で、私たち男子生徒の担任だった。体は大きいが優しい先生だった。赴任してすぐ私の家に半年ほど下宿していたこともあり、私は先生に深い親しみと尊敬の念を抱いていた。

三泊目の朝、井之川《いのかわ》村の宿で五時ごろ目が覚め起きて庭先に出た。するとそこで不思議な光景に出会った。太陽が海遠くの水平線から昇ってきた。海から出た太陽は見たことがない。私の住む天城《あまぎ》村は東シナ海側にあり、太陽は山頂から昇り、海面の地平線に沈んでいた。井之川村は太平洋側にあり、天城村とは逆自然界だ。私は海面から昇る真赤な太陽を眺め、新たな発見をしたような気分になった。

私にとって三泊四日の旅行は、中学三年の修学旅行以来だった。沖縄にいたころ米軍基地で働く仲間たち二十人ぐらいで北部方面へ一度だけ旅行をしたが、そのときは一泊だった。

東京へ来てからは、銀座の純喫茶に勤めていたころ、熱海、湯河原へ一泊の社員旅行をした。団体旅行はこの歳（二十六歳）になるまで三回しか行ってないことをさびしく思いながら、バスの中で愉快そうにはしゃぐ仲間たちを眺めていた。彼ら、彼女たちの英会話を聞いていると、自己紹介の後「あなたの出身校は？」と問いただしていた。返答は「あたしは慶應大学、早稲田大学、津田塾大学……」などなど有名私立大学生が多く参加していることを知った。高校すら出ていない（入学願書には徳之島高校卒業と書いておいたが）私は有名大学生が多くいることを知り、ひがみ、おじけつき、卑屈になった。しかしまた、彼らのたどたどしい英会話を聞いて（有名大学生でも英語はこの程度か）と変な優越感を持ったりもした。

五台連なった観光バスは立川を通り過ぎ、大垂水、猿橋峠の傾斜道路を登っていった。峠から見下ろす緑の山並みをまるで絵を見るような気持ちで眺めていた。やがてバスは富士吉田に近づいてきた。山間のカーブを曲がると、眼前に富士山が雄大な姿を現した。バスが進むにつれて、霊峰富士がグイグイと押し迫ってきた。私は圧倒された。本物の富士山を目前にして感動で震えていた。

山中湖には夕方着いた。湖を見るのも初めてだった。山頂に海のような湖があること自体不思議に思えた。湖は富士山のような感動はなかった。

湖畔の木立の中にバンガローがずらりと並んでいた。バスから降りると八人のメンバーで十三番バンガローへ入った。ここが私たちの三日間の宿泊部屋になる。

七時半ほとりの広場に全員（約二百人）が集まった。いよいよキャンプファイヤーの始まりである。積み上げられた薪にガソリンがかけられ火がつけられた。真っ赤な炎が青い線をともなって高く燃え上がった。歓声と拍手が響き渡った。

キャンプファイヤーも初めての経験だった。

その夜は「みんなで楽しく歌いましょう」と日本の歌、英語の歌の歌集が配られ、楽器演奏にあわせて合唱が始まった。日本の歌詞は「夏は来ぬ」「待ちぼうけ」「箱根の山」と次から次へと出てきた。そのうち「雪山賛歌」の合唱が流れた。メンバーの仲間たちが「雪山さんか、ゆきやまさんかあ」とはやし立てた。日本の歌を二、三曲歌うと次に英語の歌と交互に合唱していた。日本の歌はみんなのあとについて口ずさむことはできたが、英語の歌は一語も歌えなかった。楽しげに歌っている仲間たちの口元を羨ましく眺め、悲しくなった。

二日目は、午前八時三十分からピンポン大会、十一時からバレーボール大会、午後三時からソフトボール大会があった。各々クラス対抗だった。好きなスポーツの希望を取って、選手はその場で決めた。私はバレーボールを選んだ。中学卒業以来ボールを触ったこともないが、それしかできそうなスポーツがなかったからだ。中学時代は裸足で、突き指しながら暗くなるまで猛練習を何回もしていた。今はスポーツシューズを履いて、あの時のことを思い出しながら出番を待った。胸がどきどきしてきた。出番が来てコートに立った。九人制の左後方を守った。飛んできたボールをまともに一度も返せなかった。相手は私のポジションに集中攻撃をあびせてきた。チームは一回戦で敗れた。

三日目はボートレース、バスケットボール、テニスなどがあったが、どこへも参加しなかった。午前中ボートレースを見学して、午後から乗馬をした。馬は島で裸馬に乗った経験があった。滑り落ちて軽い怪我をしたこともある。走る馬に乗れるようになった時は爽快だった。

順番を待って、係員に指示されたとおり馬の背にまたがった。馬は人馴れした優しい顔をしていた。馬は通るコースを知っていた。コースは一時間の長いコースを取った。三十分ほど過ぎると前後に並んでいた他の馬と仲間の姿が見えなくなった。馬と二人だけの山道を馬の足音を聞きながらしばらく歩いた。この馬、道を間違えていないかと少し不安になった。私は行き先の道を知らない。

今度の山中湖合宿は場違いの道に迷いこんだような気がしてきた。そしてこれまでちゃんとした学生生活を送れなかったことに深い悲しみを抱いた。

まともな就職

私は昭和三十一年四月、沖縄から上京して六年の間に職種をキャバレーボーイ、喫茶店ボーイ、ナイトクラブコック、立て看板外交員、プレス工場工員、製造工場事務作業員など職場を転々としてきた。

その後通訳養成所に通うようになって大使館に勤務することを夢見るようになった。日本の大企業、商社、公務員などには興味がない。というより学歴がないので最初から諦めていた。大使館は先進国を避けて、発展途上国と思われる国を選んだ。学歴をごまかして書いても問題にならないだろうし、気付かれもしないだろうと勝手に判断した。学歴は徳之島高校卒業、通訳養成所卒業と書いた。徳之島高校は入学もしていない。通訳養成所は二年通い、最初の卒業試験の時五十点も取れなかったので卒業を諦めた。

ごまかしの履歴書を持って、最初は皇居前の丸の内ビル内にあったインド大使館へ就職試験を受けに行った。面接試験はよかったが、タイプライターテストで落ちた。それから大久保にあったタイピスト塾へ通った。一分に○○字（数字は忘れた）打てるようになるまで練習した。必死な思いでタイプ塾へ通った。

打てるようになると、今度は麻布にあったパキスタン大使館へ応募に出かけた。応募資格は英語が話せること、タイプが○○字打てることが条件だった。試験に見事受かった。涙が出るほど嬉しかった。

大使館の同部屋には職員が五、六人しかいなかった。日本人は私一人、他はパキスタン人らしい外人だった。初出勤の朝、顔面黒い髭を生やした上司の書記官より同部屋の方々を紹介されあいさつまわりをした。自分の席に着くと、上司より一通の手書き文章用紙を渡された。

「十二時までに、これをタイプしておいてくれ」

と用紙を私に手渡しながら訛りのある英語で言った。

早速タイプライターに向かう。しかし用紙に書かれてある英文が読み取れない。日本文でいう達筆すぎたせいか。読み取れないスペルを聞きに行くと、嫌な顔をしながら教えてくれた。二回、三回聞きに行くと「辞書で調べろ」と言われた。前後の文章が理解できないと単語が分からない。意味を理解することから始めたが、半分も理解できない。単語が分からないと辞典の引きようがない。時間ばかりが過ぎていった。十二時になった。まだ半分もできていない。昼休み時間抜きで打ち続けたが、仕上がり時間は二時ごろだった。やっとの思いで上司に持っていくと、

「遅いな。素人でも二時間はかからないよ」

と不満顔で言われた。

前任のタイピストが急に辞めて、タイプする書類は大量にたまっていた。仕事は次から次へと与えられた。相変わらず打つスピードは鈍かった。

勤めて六日目の土曜日に上司から、

「仕事が遅すぎて使いものにならん。今日限りで辞めてもらいたい」

と宣告された。予感はしていたものの、言われてがっくりきた。まともな職場にようやく就いたのに、自分の能力のなさでクビになり深い落胆に陥った。それ以前の職場は、引き止められながら自分から辞めていったのだが、クビになったのは初めてだった。

それから十日ほど後の昭和三十七（一九六二年）年四月、日本橋小伝馬町にあった、ボルネオ・スマトラ貿易商社に就職した。この会社はオランダ系列の商社だった。オランダでは、日本国内の一流商社三菱商事、三井物産に匹敵する優良企業だと入社の時、人事担当者からの説明があった。社名はオランダがボルネオ、スマトラを信託していた当時に付けられたものだという。社名は入社二年後に「ボルスミ・ウェリー商事株式会社」と変更になった。

従業員は五十人ほどだったと記憶する。輸出部に約三十名、輸入部に約二十名。私は輸出部に所属し、喫煙具課に配属された。喫煙具課はガスライター、灰皿、喫煙具セット等をヨーロッパ、オーストラリア、アメリカなどへ輸出していた。

総支配人は本社からのオランダ人、輸出部のマネージャーはイギリス人、外人は二人だけ、あとは日本人だった。社内で英語を話すことはそうはなかった。たまにマネージャーと話す時ぐらいだった。ただし上司のＮ課長などは総支配人、マネージャーらとの会話、国際電話でビジネス会話を英語で一日のうち五、六十パーセントの時間話していた。早くああなりたいと切望していた。

入社後、私の主な仕事は検品係だった。各メーカーへ行って、出荷前の製品をカートンから抜き取り品質検査、数量確認、ケースマークチェック等をした。メーカーは台東区、墨田区、江東区に多くあった。そこへ始めのうちは、Ｋ先輩に連れられて毎日のように出かけた。仕事は先輩より懇切丁寧に教えられた。覚えが悪くたまに怒鳴られたこともあったが。メーカーへ行き帰りの道すがら、先輩と仕事以外のいろんな話もした。

ある日、先輩が会社の乗用車の中で会話中ふいにあら声を立てて、

「おまえ、松下幸之助を本当に知らないのか。呆れてものも言えない」

と常識はずれをなじるように言った。

「ナショナルが、松下電器のブランドであることを知らないようでは日本人じゃないね」

呆れ顔で言った。

「日本のビジネスマンとして通用しないぞ。もっと常識的なことを勉強しろ」

私は強いショックを受けた。その時まで日本経済界のことは本当に知らなかった。知ろうと努力もしなかったのだ。文学界のことについては、日本の作家、外国の有名作家の名前や作品をほとんど知っていたが、経済界のことについては、社長名、商品名やブランド等について はかいもく音痴だった。

ある時、マネージャーから一通のメールを渡され、

「この会社を調べてくれ」

と言われた。メールはオーストラリアからのもので、あるブランド名しか書いてなかった。

「どうして調べるのですか」

私は迂闊にも聞き返した。

「おまえは何言ってるんだ。電話帳が読めないのか。電話をかけられないのか」

と大きな声で怒鳴られた。マネージャーは普段おとなしい人物だった。身体は力士のように太っていて、体重は百キロ以上もあった。まだ四十歳前後なのに頭は半分以上禿げていて、顎ひげを生やしていた。始め姿格好から見て、おっかない人だと思った。しかし、日々接触してみて優しい人だとわかってきた。仕事の面で、部下に仕事の指示を出す時の対面姿勢、お客様との接客態度などを見ていてさすがは英国紳士だと思っていた。

この英国紳士から怒鳴られてびっくりした。私はそれまで電話帳など引いたことがなかった。分厚い電話帳の引き方すら知らなかった。一般常識的なことすら知らない。それでは商社マンとして失格だ。マネージャーはそのことを叱ったのである。

メールはオーストラリア支店から、「サロメ」という英字ブランドのガスライターメーカーを探し出して報告乞うとの依頼文だった。

私はまず喫煙具協会の電話番号を調べて電話をかけた。そこでブランド名からメーカー名を聞きだした。

江東区内にあったメーカーへ電話して、「サロメ」ブランドのガスライターは貴社が製造元であるかを確認し、いつごろ開発したか、今までの出荷数量は、注文出しの際のミニマム数は、納期は等などを丁寧に聞いた。貿易仕事の初仕事をした感じだった。

あくる日、そのK製作所を訪問し、問合せ条項を調査してメールへの返答を書いた。英語でビジネス文章を書くのは初めての経験。英語学校で学んだことはその場では何の役にも立たなかった。会社の書類棚よりメールファイルを取り出してきて参考文例を探した。あいさつ文から終章まで文例をつなぎ合わせてどうにか書き上げた。社内のタイピストにタイプさせ、それを持ってマネージャーの部屋へ行った。

マネージャーは差し出したメールを目で追い読み終えるとにっこり微笑んで、

「ベエリー・グゥットゥ」

と言って達筆なサインをした。

あれから四十余年すぎたが、いまだあの時の笑顔は忘れられない。

私はこの会社に足かけ四年勤めた。昭和四十二年（一九六七年）脱サラして独立創業、その前に勤めた会社では一番長い勤続になった。そこでよき先輩、同僚にめぐり会えて、欠如していた社会常識的なことを学ばせてもらった。彼らの顔を思い浮かべながら、心から深く感謝している。

交通事故

貿易商社に就職し半年が過ぎだいぶ仕事も覚えた十一月十七日午後四時ごろ、信濃町駅近くの大学病院前で交通事故に遭った。二十七歳の時のことだ。病院の少し先に英国図書館があり、そこで本を借りての帰り道だった。病院正門前の歩道を渡ればよかったのに、信号機から五十メートルほどの道路を急ぎ足で渡る人たちのあとについて、信号待ちしている車の間をジグザグと通り抜けた。あと一歩で歩道に上がろうとした瞬間、停車していた車の左側を走ってきたバイクに突き飛ばされた。

倒れた場所はそば屋の前だった。通行人やそば屋の客も出てきて、私を取り囲んだ。見下ろす野次馬は、目に見える怪我のない私の姿を見て「たいしたケガじゃない」と見たのか、すぐに見物人の群れは立ち去った。残ったのは私を跳ねたバイクの主と、事故を停車中の車窓から目撃していた運転手だけだった。

彼はいち早く車から降りてきて「おい、大丈夫か」と声をかけてくれた。二十歳前後のバイクの主はただ茫然と佇みおどおどしていた。見知らぬ運転手は三十代後半ぐらいのメガネをかけた背広姿の男性だった。彼は、倒れた私を肩から抱き起こしながらバイクの主に向かって、

「何をもたもたしているんだ。おまえがやったんだろう。もたもたせずに早く救護しろ」

と怒鳴った。

バイクの主はある映画館のフィルムを運ぶアルバイト学生だった。新宿の映画館から渋谷の映画館へフィルムを運ぶ途中だった。彼はこの事故のことよりも、フィルムが次の上映時間に間に合わないことを気にしている様子だった。そのことに気づいた運転手は、運転手としての自覚がないと、学生を怒った。

二人に両脇を抱えられて立ち上がり歩み出すと、右足に強い痛みを感じた。血がズボンの

布地に滲み出てきた。左肘部からも出血していた。

私は、運転手の車に乗せられて、目の前にある病院ではなく事故現場の裏側にあったM外科分院へ連れて行かれた。運転手は車の中で、「病院では事故入院は受け付けない。これから行く病院は、岸首相が暴漢に刺されて負傷した時入院した病院の分院でいい病院だ」と言った。

新宿区大京町の分院に着くと、運転手は私を玄関で看護婦に渡すと「お大事に」と言って帰っていった。親切な運転手は名も告げずに立ち去った。

診断書には左記のように記してあった。

一、病名左前頭部、左肘部、右下腿挫傷、脳震盪。
頭書疾患により約一週間の安静加療を要す。
右の通り診断します。M外科分院
医師H・S

傷口を看護婦に治療してもらい包帯を巻かれた後は、治療室から診察室へ看護婦の手を借りず自分の足で歩いて移動することができた。H先生は診断書を書く前に「どこの病院に入院しますか、この病院は緊急以外入院はできません」と言った。私はとっさに「入院しなくても大丈夫」と答えた。気が張っていたのだろう、痛みは感じなかった。入院を異常なほど恐れていた。何を恐れたか、お金のことである。小さいころより金がないと医者にはかかれないものだと思い込んでいた。交通事故の場合、医療費は加害者が持つという知識をその時持ち合わせていなかった。病院を出る時タクシーで帰りなさいと言われたが、電車で帰った。そのころの私は渋谷区千駄ヶ谷八丁目のアパートに妹と住んでいた。

病院から信濃町駅まで右足を引きずりながら歩いて行った。次の千駄ヶ谷駅で下車して、普段は十二、三分で歩けるところを三十分ぐらいかけてようやく家にたどり着いた。

アパートの鍵を開けて、部屋に入ると畳の上に倒れ伏した。頭が痛み出し、立ち上がる気力を失った。身動きもできず伏せたままじっと痛みに耐えた。

事故のことは誰にも知らせなかった。もちろん妹にも。渋谷の洋品店に勤めていた妹のKは七時ごろ帰ってきて、私のものがいている姿を見てびっくりしていた。すぐに床を敷いて、私を仰向けに寝かせてくれた。

仰向けになると、頭蓋骨の中がガンガン音を立てて痛み出してきた。吐き気も出てきた。激痛に七転八倒する兄をどうすることもできず、妹は大家のSさんに助けを求めた。

私は救急車で代々木病院へ運ばれた。病院での痛みは覚えていない。治療室も思い浮かばない。先生の顔も記憶にない。看護婦の顔も思い出さない。

病院に入ってからのことは思い出せない。安静加療のために睡眠薬で眠らされたのであろう。私は眠り続けた。幾日か目に目が覚めた時、ベッドの傍にS君とその妻、従妹のY、妹のK三人が立っていた。

「渥美ちゃん、あたしが誰だか分かる？」

Yが悲鳴を上げるような声で言った。

私は微笑み頷いた。

夫婦は「よかったぁ」と言いながら抱き合って喜んだ。妹は「お兄さん」と言って、枕元へ寄り添ってきた。

妹は泊まり込んで私の看病をし、S夫妻は毎日見舞いに来てくれた。

事故の知らせを聞いて、親戚や知人、会社の方々大勢さんが見舞いに来てくれたが、その前日までに見舞いにきてくれた人たちの顔は覚えていない。

母の手紙

母は交通事故のことを、事故から十日も過ぎた十一月二十八日に妹の手紙で知った。

父母はその頃沖縄県那覇市に住んでいた。

母からは三十日に書いた手紙が届いた。手紙の文字からも母の動揺が伝わってくる。ようやくの思いで便箋一枚を書いたようだ。いつもは二、三枚書いていたのに。

手紙には、事故を知って驚き〔心配で、心配で〕二日間泣き通した。母さんはどうすることもできず、先祖の仏壇の前で泣いて祈るばかり。看病するKのことも心配ですと書いてあった。

当時の沖縄はアメリカ信託統治の外国で、往来は簡単にできなかった。パスポートが必要だ。渡航申請には時間がかかった。

この事情を知っていたので、父母には交通事故のことを知らせていなかった。退院する見通しがついてから連絡した。その当時の我が家の情報伝達手段は手紙しかなかった。電話など思いもつかず、書きなれない手紙で知らせるしかなかった。しかし妹の手紙では実際の様子があまり伝わらなかったのかもしれない。

母の手紙には「もうすぐ退院するから心配しないで」と書いてあるが、親に心配をかけまいと嘘をついているのではないか。金を工面して送るから、それで〔すきなものを食べて元気にして下さい〕ひらがな文字で懸命に書いてあった。最後にもし退院したら今度は〔デンポー〕で知らせることと書いてあった。

十二月五日の手紙に〔デンポーありがとうございました。父母は安心しました〕と書いてあった。そのあとに「おまえは大阪で四歳の時、三輪車に跳ねられて怪我をしたことがある。その時も心配した。こんどは二度目です。二度したら、三度もあるとよくいうよね。くれぐれも交通事故には気をつけてね」と母特有の漢字の部分はひらがな、カタカナまじりで書いてあった。文字は心なしか明るく見えた。

私は交通事故が二度目であることを、母の手紙で初めて知った。

自分史の中に、交通事故に遭ったことはどうしても書き残しておきたいと思い、資料探しをしてみた。出てきたのは、外科分院の診断書だけ。病院の診断書はいくら探しても見つからない。何か領収書のようなものはないかと古い領収書ファイルを探したが見当たらない。よく考えてみると入院費用は加害者の会社が保険で支払ったはずだ。

そのころは日記も書かなくなっていた。記録には何もない。困ったと思いあぐねていた時、母の手紙を思い出した。

母は私が東京へ出てから、毎月のように手紙をよこした。月に二通、三通の時もあった。大概は私への返事の便りだったが、暫く手紙を書かないと催促の手紙もきた。母の手紙は私の身体を案ずるものが多かった。母の手紙で交通事故の退院日を知ることができた。


Y病院で、昏睡状態から目を覚ました次の日、S君がベッド用の読書器具を買ってきてくれた。器具は中央の金棒で本を挟み、開いたページを簡単に摘めるようになっていた。器具の上には可動式のライトが取り付けられてあった。仰向けに寝て、自由に調整しながら読書ができた。

「アツミさんは本が好きだから、見舞いにこれを買ってきた」

と彼は言った。彼は説明書を見ながら、ケースから取り出した部品をつなぎ合わせて私の

ベッドに取り付けた。最後にライトスイッチのテストをして、

「どうだ、いいのができただろう」

彼は満面に笑顔を浮かべて私に向いて言った。私は涙を浮かべて「ありがとう」と頷いた。

その彼は今はこの世にいない。

S君はC大学時代から司法試験に挑戦していた。彼の父親は鹿児島で弁護士業をしていた。跡継ぎのために弁護士の資格がどうしても必要だったのであろう。再挑戦するたびに酒の量が増えていった。もともと酒は好きだった。普段は気の優しい男だが、酒が入ると豹変することが時たまあった。ある夜、代々木駅交番前で大暴れしていたことがあった。

Yから「警官でも手におえないから、すぐ来てくれない」と連絡を受けて、行ってみると、交番前の駅広場で大の字になって寝転んでいた。近づいて「おい！　帰ろう」と言いながら、左手を握り引っぱり起こそうとしたら、右手で殴りかかってきた。「てめえ、何するんだ」。呂律の回らない声で叫んだ。私は身を制して、空振りした右手も握りしめた。そして彼の顔に目を近づけ見つめた。

「アツミさんか、ごめん、ごめん」

彼は私に気付くとおとなしくなった。

こんな場面に二、三回出合った。

東京へ出て来て初めて出会った友は彼だった。世田谷の叔父の家で、同部屋に住むように

なってから。二人は叔母の逆鱗に触れ部屋を出る羽目になり、代々木にアパートを借りて移り住んだ。およそ三年近く。二人は気が合い、心を許し合える親友になった。

その後、彼は四十四歳の若さで、二児を残し亡くなった。私は彼からもらった読書器の本挟み器を取り外し、ライト器だけにして万年ベッドに取り付け、一昨年まで四十年間も愛用してきた。

妻との出会い

私たち（雪山渥美と和田光恵）は昭和三十九年（一九六四年）三月十五日に結婚式を挙げた。私は二十九歳、妻が二十三歳の時だった。式は妻のふるさと福島県須賀川市内の旅館で行った。媒酌人は東京へ出て来た時、はじめて世話になったT．S．夫婦だった。

私たちが知り合ったきっかけは、教養交流「社会人」という雑誌だ。この雑誌は若者向けの総合雑誌だった。小説・人生記録・現代詩・短歌・俳句などの投稿欄もあった。私は小説を投稿するつもりでこの雑誌を読み始めた。

結婚する一年半ほど前に、投稿交流の場で妻の名前を見つけ、私から手紙を出した。これが文通の始まりだった。
二、三日後に儀礼的な返事がきた。嬉しくなってすぐに返事を書いた。熱心に誠意を込めて。

美辞麗句はできるだけ抑えて書いたつもりだが、貿易商社に勤めていることを誇張して書いたような気もする。妻から時を経たずに返事がきた。家族構成や職場（事務員）のことなど簡潔に書かれていた。文字は自分の字と比べて数段きれいだと思った。

二人は手紙のやり取りを十数回して会う約束をした。場所は東京と福島の中間、宇都宮駅で、時間は十二時と決めた。

昭和三十八年（一九六三年）の春（月日は思い出せない）、私は上野駅から宇都宮行きの汽車に乗った。車中でこれから出会う女性の姿をあれこれ想像していた。送られてきた二枚の写真を内ポケットから取り出して再度眺めた。一枚は和服姿、あと一枚は洋装だった。二枚の写真は顔が同じだが体型は違うように見えた。私は、彼女の体型を想像で描いていた。

宇都宮に近づくにつれて、車窓から眺める野山や田園に残雪が多く見られるようになった。色とりどりの屋根上にも見られた。

待ち合わせ場所の宇都宮駅改札口に十二時十五分ほど前に着いた。それらしき姿は見当たらない。私は「社会人」の雑誌を読みながら待った。しばらくすると、

「もしかして、雪山さんでは」

と声をかけられた。

「ハイ雪山です」

「和田光恵です」

その時が初めての出会いだった。

彼女は和服姿だった。丸顔の細目で色白い両頬が紅く染まっていた。決して美人ではないが、可愛いと思った。二人は駅前の食堂兼喫茶店のような店の二階へ上がった。テーブルにつくと、改めてあいさつを交わした。文通で自己紹介は済まし、ある程度の心の交流もあったので初対面の感じはしなかった。テーブルの上で一枚のメニューをお互い片手で持ち合い、昼食を探し合った。互いに相手の顔とメニューを見合わせながら決めるのに、しばしの時間がかかった。

初デートのあとは、お互いに毎日手紙を書くようになった。彼女からも来た。デートは月に一、二回、おもに東京の、銀座、新宿、渋谷、神宮外苑などだったが、三回に一度は福島県の郡山、須賀川などでも会った。出会いから三ヵ月ほどすぎたある日、須賀川でデートした後、妻の実家を訪問した。実家は小さな雑貨商を営んでいた。人のよさそうなご両親は私を快く迎えてくれたとその時は感じた。しかし父親の目はどこか冷たかった。

帰ってすぐに、ご両親に紹介してくれたことへの礼状を書いた。それは熱烈なプロポーズ文になっていた。すぐに返事は来なかった。胸騒ぎがした。いても立ってもいられない気分に陥った。五日目に返事が届いた。開封する手が震えた。文面は「しばらく考えさせて欲しい。手紙もよこさないで欲しい」と書かれてあった。これは絶縁状か、しばらく待てとのことか迷った。しかし私は（いつまでも待つ）という意味合いの手紙を便箋二枚にしたためて出した。

その後音信不通が続いた。確か六ヵ月ほどすぎた十月の終わりに再信が届いた。それからである。一日に三通も書き出したのは……。

（二人の往復書簡は結婚後、一つにまとめて段ボール箱に入れておいたが、十数年前自宅を改装した時、うっかりゴミと一緒に捨ててしまった。それがあれば年月日の確認ができたのに、と思うと残念である）

間もなくご両親の承諾も得て、二人は結婚の約束をした。

約束をした後に、妻の実家、須賀川の和田家へあいさつに出かけた。妻に案内されて家の中へ入ると、そこに家族一同が神妙な面持ちで座っていた。私も硬くなり、畳にひざまずき深々とあいさつを交わした。

和田家の家族構成は父K、母M、兄E、本人光恵、弟Y、妹Hの六人家族だった。兄弟二人は、兄は銀行、弟はデパート勤めで東京に住んでいた。今日のためにわざわざ帰省したという。妹はまだ高校生だった。

円いテーブルにはビールや酒、手料理や鮨が並べられていた。宴席が始まり、口も滑らかになった。兄弟と東京での住まいの場所の話や職場のことを、自己紹介的に話し合っているうちにだんだんと親しみが湧いてきた。

父親は寡黙だったが、弟のYはよく喋った。彼のおしゃべりが硬くなりがちな雰囲気を明るくしてくれた。

私はあたたかい家族団欒の雰囲気を初めて味わったような気がした。家族に会い、特に男兄弟とも打ちとけることができてMと結婚したい気持ちがさらに深まっていった。

その当時の私には一円の蓄えもなかった。貯金どころか、デパートで買った背広やコートの月賦が残っていた。婚約はしたものの結婚式など挙げるつもりはなかった。当時周囲の友達は、結婚式を挙げずに籍を入れ夫婦になって住んでいるケースが結構多かった。それまで友達の結婚式に参列したこともなかった。一人では食えないけれど、二人では生活ができる。だから早く結婚したいと、こんな単純な考えも抱いていた。

私は光恵に無一文状況を正直に話した。式を挙げる余裕はないと。私はこのことを手紙に書いたと思う。これに対する返事がきた。

手紙には〈結婚式を挙げない結婚は親に認めてもらえそうもない。父は娘の花嫁姿を夢見て生きてきた。そのために嫁入り資金をこつこつと溜めているようだ。私も高校を卒業して就職してから、花嫁資金として毎月小額だけど貯金してきました。それが今〇〇万円溜まりました。これだけあれば田舎ではまああの式が挙げられます。この資金はあなたの資金としましょう〉このような意味のことが書かれてあった。

私は「この資金をあなたに」というところを読んで感動した。しばし感涙した。そして親密な愛情を感じた。

昭和三十八年十一月初旬、私は光恵を連れて世田谷区瀬田町のS宅を訪問した。仲人役を頼んであり、その打ち合わせのためだった。

二人は畳敷きの応接間へと叔母さんに案内された。四角いテーブルの前で叔父は正座して待っていた。真向かいにふんわりとした座布団が二枚並んでいた。そこへ座るようにすすめられた。光恵は、その時も絣の着物を着ていった。私は即座にかしこまって座布団に正座したが、光恵は座布団の横に一歩引き下がり、着物の裾を直しながら正座し、

「初めまして、和田光恵でございます。どうぞ宜しくお願い致します」

と深々と頭を下げながら言った。みんなもつられるようにあいさつを交わした。

叔父は長年の教師の目で、光恵の礼儀作法を観察していた。その日はみんなでご馳走を囲んで三時間ほど過ごした。その間、叔父から〔媒酌人を引き受けたからには心のこもったあいさつをしたいので、二人の馴れ初めをできるだけ具体的に話して欲しい。また生い立ちも。渥美君のことは大体分かっているので、光恵さん、わたしが質問しますから、それに答える形で話してくれませんか〕と言われた。

私は出会いから、文通、初デート、婚約までこぎつけた過程をかいつまんで話した。

光恵は、昭和十五年（一九四〇年）十月十五日信濃町の病院で生まれた。出生地は東京都新宿区牛込。出生地に昭和十九年までいたが、東京空襲の激化のため母親の実家須賀川へ疎開した。そこで小学校、中学校を終了して高校へ入学、昭和三十二年同校卒業、同年四月F

交通S営業所へ就職、現在に至る。二十歳ごろから花嫁修業として華道と茶道を習得していた。叔父はメモを取りながら光恵の生い立ちを聞いていた。酒好きな叔父は酔いがまわってくると、

「アツミにはもったいない、いいお嫁さんだ。今日は本当に嬉しい、アツミがこんなかわいいお嬢さんを連れてきて」

と心から嬉しそうに言った。酔いがまわったせいか、私たちが帰るまで同じセリフを何度も繰り返していた。


結婚式には雪山家から、沖縄から父が（母は体調が悪く出席ができなかった）、大阪からT伯母さん、東京からT叔父さん、仲人のSご夫婦、友人のS夫妻、従兄弟二人、妹、それに私を入れてたった十一名の出席だった。

和田家からは、両親、兄弟妹、母方の伯父、伯母さん（五人）夫婦、その子どもの従兄弟たち、高校時代の友人、コーラス仲間たち総勢四十名ほどの出席だった。

義父は盲腸を手術して国立療養所に入院中だった。手術は前年の十一月にした。結婚式までには十分に快復するつもりで入院したが、手術にミスがあったらしく長患いをしていた。盲腸手術で五ヵ月経っても治らないのは治療ミスをしたのではないかと、不満を、看病へ行くたびにもらしていた。義父はベッドの上で、

「結婚式までには自分の意志で治してみせる」

と言っていたが治らなかった。しかし当日は院長の許可を得て、前夜家に帰り支度をして出席した。紋付袴を着て凛としている姿は病人らしく見えなかった。

義父の出席を親戚一同が驚きの目で見て、祝福していた。

神前式を終えて、披露宴が始まった。披露宴は畳の間で行われた。媒酌人のT叔父の新郎、新婦の紹介あいさつが始まった。原稿用紙を見ながら長々と読み上げた。感情を込めて、何度も推敲した（叔父が言っていた）原稿を見ながらのあいさつだったが長すぎた。正座でしびれを切らしている人があちこちで目に付き、気の毒に思った。

光恵はコーラス部に入り、毎週歌っていた。宴たけなわで祝宴も終わりに近づいたころ、仲間の若い混声メンバー十四、五人が会場に現れた。宴席に出席していたEリーダーもステージにあがり、全員が揃った。花嫁衣裳を洋装に着替えていた光恵も舞台に上がり、仲間の輪に入り中央に立たされた。Eリーダーのタクトのもと合唱が始まった。

最初の曲は「春の小川」。タクトに引きずられるように静かに合唱が始まった。音声が高くなるにつけて、会場内に甘い歌声が響き渡った。「カチューシャ」他五曲合唱してコーラスは終わった。

私は感動して聴いていた。素人集団とは思えなかった。

光恵は結婚アルバムのその時撮った写真の上に「四年間、雪の日も、風の日も、手を取り合って歌った友、思い出多いクリスマス、秋のコンクール、春のレクリエーション」と記した。

新婚旅行は現代では考えられないようなコースだった。

私たちはみんなに見送られながら式場からハイヤーに乗り、郡山駅に向った。そして郡山から東京へ移動して、結婚初夜は皇居前のホテルに泊まった。

ホテルに着くと、出発時にもらった花束を持って銀座へ食事に出かけた。その花束を有楽町駅前交番のおまわりさんに渡そうというのは彼女のアイデアだった。

次の日は羽田から大阪へ飛行機で飛んだ。二人とも初めての空の旅だった。大阪から奈良へ。二日目は「Nホテル」泊。鹿と戯れている写真を多く撮ってある。三日目は奈良から京都へ。京都では名所まわりをして、「I旅館」に宿泊した。夜の遊覧できれいな舞妓さんと写した写真もアルバムに貼ってある。

Nホテルで二人は、十年後にまたこのホテルへ子供を連れて泊まりに来ようと、将来の夢を語り合ったが、まだ実現していない。

母の急逝

母は、私たちが結婚式を挙げた三ヵ月後の、昭和三十九年六月七日午前六時に急逝した。

沖縄県那覇市において。

「ハハシス　スグカヘレ　チチ」

逝った日の午前九時ごろ、父から電報が届いた。

その日は日曜日だった。新婚の二人は朝寝をしていた。閑静な住宅街にバイクの音が響いた。私たちの住むアパートは道路に面していた。バイクの音は家の近くで止まった。まもなく玄関のドアがけたたましく鳴った。

「至急電報です」

配達員は叫ぶように言った。

私は電報を手にし、悪夢かと思った。しばし電文の意味が理解できなかった。

「そんなに悪かったの」

妻は字数の少ない電文を見つめながら、悲しみを抑えるように言った。

母は結婚式に、体調の悪さを理由に出席しなかった。母は島（徳之島）で、幼児で亡くなった妹（T）を産んでから病弱になった。しかし大病を患って入院するようなことはなかった。だから命にかかわるような病気だとは考えていなかった。

近くに住む妹（K）を呼んできた。

妹も「信じられない」と首を横に振りうなだれた。

「あの時（結婚式）無理してでも父ちゃんと一緒に来てもらうべきだった」

と言って泣き崩れた。

母の旅は介護役が必要だった。結婚式前後は充分なお世話役がいない。母は来たがっていたが、私が止めた。そして落ち着いたころの十月に上京してもらうことで納得させていた。妹はそのことを指して悔しがった。

母はなぜ亡くなったのだろう。何の病気だったのだろう。詳しく知りたいが、当時沖縄の家には電話がなかった。連絡のとりようがない。

沖縄で近所に電話を持っている家はなかっただろうか。妹とあれこれ話し合っているうちに大家の名前を思い出した。そうだ、Oだ。しかし苗字だけで下の名前が分からないので、電話番号案内で尋ねても特定できない。とりあえず親の家と住所が近い三軒の大城という苗字の家の電話番号を教えてもらった。

一軒目に電話を入れた。「雪山」は知らないとあっさり切られた。二軒目からは、うちは貸家など持っていないと言われた。祈る思いで三軒目の番号をまわすと聞き覚えのある声の女性がでた。よかった、大家の大城さんの奥さんだ。ほっと胸を撫で下ろした。奥さんは、

「みなさん、連絡が来るのを待っていたんですよ。すぐにお父さん呼んで来るからね」

と言って、父を呼びに行った。

父は受話器を持つ手が震えているようだった。朝から気が動転しているようで、何か聞いても要領を得ない。そこでもう一度大家さんの奥さんに電話を代わってもらって、話を聞いた。

母の死因は心臓麻痺だった。前夜もいつものように父と枕を並べて床に就いたという。しかし翌朝父が目を覚ました時、傍に寝ていた母はすでに死んでいた。母は夜中に発作を起こ

して苦しんでいたはずなのに、父は酔っ払って寝ていて気づかなかったと自分を責めていた。警察の事情聴取を受けた時にも父はそのことを悔やんでいると何度も言っていたらしい。

母は週に一、二回しか行かない風呂屋へ前日に行って、髪の毛まできれいに洗っていた。

「おばさんは身ぎれいな人だから、自分の死を予感して風呂屋へ行ったのかね」

奥さんは自信ありげに言った。

次の日の朝、妹と一緒に霞ヶ関の日本国法務局へ沖縄旅行申請手続きに出かけた。霞ヶ関ビル街は初めてだった。高い厚いビル壁に圧倒された。日本でない別世界のように思えた。ようやく目的のビルを探し当てた。担当係官に電報を差し出し、至急沖縄への渡航許可をお願いしたいと申し出た。係官は電文を見るなり、

「これはダメだ。いつ、どこで、が示されていない。それが書かれたものでないと受け付けられない」

と、事務的に言った。

途方に暮れた。係官のあまりにもの不親切さに腹が立った。が、我慢してどうすればいいかを尋ねた。係官は、死亡年月日と、場所は亡くなった病院名の入った電報を打ち直して、持って来るように言った。私はがっくりきた。

沖縄では、私たち兄妹が来るのを待っている。葬式は子供たちが帰ってきてからにしようと、沖縄に住む天城町出身者たちで決めていた。親戚に当たるH.U.夫婦が中心になって葬

式の世話をしてくれていた。

渡航許可に最低三日は掛かるだろうと見て、母の遺体を氷付けにして保存し、待っているからと連絡がきた。電報の取り直しをすれば三日で許可書を取るのは無理だと思った。翌日、電報を持って再申請に行った。早くて三日目と言われた。沖縄へその旨連絡を入れた。父から皆さんと協議した結果の電話が入った。

「遺体はすでに傷み始めているので、亡くなって六日は待てない。明日火葬し、葬式をする事に決まった」と父は言った後、「お前が母さんの死に顔にも会えないのかと思うと、悔しくて、悔しくて……」。

父は電話口で泣き崩れた。私も涙があふれた。

六月十二日、羽田空港から沖縄行きの朝の便に妹と二人で乗った。今、航空会社名までは思い出せない。飛行機が一面に浮き出ている白雲をかき分けるように上昇していった。白雲は下に見え、辺り一面に青空が広がった。私は窓際の席に座り、額をガラスにつけるようにして透き通った青空を眺めていた。そこに母の顔が幾重にも浮き出てきた。みな泣き顔だけで、笑顔は出てこなかった。母は幼いわが子を亡くすという筆舌につくしがたい悲しい経験を二度もしているのだ。その時のことが脳裏にうかび、私は胸が締め付けられるような思いがした。

私が深い悲しみに泣き濡れた母の顔を初めて見たのは、昭和十八年生まれの次女の妹(T)

が死んだ時だった。生まれた時は島の子供の平均的な体重だったが、母の母乳が少なく、妹は痩せ細っていった。最初のころは乳の出る母親のいる家をまわって、もらい乳をしていた。村には有り余るほど乳の出る母親は二、三人しかいなかった。もらい乳は一月も続かなかった。

父は島中を探して粉ミルク缶を買ってきた。それをお湯で溶かし、哺乳ビンで徳子に飲ませた。ミルクを与えるようになって、徳子は元気を取り戻した。ミルク缶が底をつき始めると、次を買ってきていた。ところがある日、父は手ぶらで帰ってきた。

「島中の病院や薬局を歩き回ったが、どこにもミルクはなくなっている。大和（鹿児島、日本本土）から送られてこなくなった」

ミルクを待ち焦がれている母に、父は肩を落として言った。

母親の乳だけになると、徳子は日に日に痩せ細っていった。

昭和十九年五月十日六時三〇分（戸籍簿）、Tは栄養失調で亡くなった。一年四ヵ月の短い命だった。

Tが息を引き取った時、母は幼子を抱きしめて、

「この子はあたしが殺したんだぁ」

と、髪を乱して泣き叫んだ。夜通し泣き止まなかった。

あくる日の午後、Tの遺体は小さな棺に納められて、平土野浜にある墓地へ二人の担ぎ手に担がれて降りていった。葬儀の参列者は村中から大勢集まっていた。うち親戚の参列者が

二十数名、棺の後に続いた。

墓地に着くと、墓石の下に掘られた穴に棺は土葬された。墓石は曽祖父が建てた五段式の古い大きな碑だった。棺に砂土が被さり、石が積み重なっていくと、母がまた大声で泣き出した。

母が墓石にしがみついて嗚咽していた姿はいつまでも私の脳裏から消えなかった。


昭和十九年（一九四四年）十一月、弟Ｉが生まれた。その年の十月十日、徳之島に第一回の空襲があった。空襲があった後すぐに、村中の人々は泥んこ道を歩いて三京山へ避難した。弟は山の避難小屋で生まれた。二回目の空襲は翌年の一月二十二日までなかった。空襲のない日が続いたので、正月前に避難山から家に戻ってきた。

二回目の空襲が始まると、毎日午前六時から七時、午後三時から四時にかけて激しい爆撃が行われた。定期的に昼間だけ空襲されることを、住民は台風を察知するように勘で知るようになった。

定期的に爆弾攻撃や機銃掃射をされたが、住民が死ぬのはまれだった。私が住んでいた天城村では、二回目の空襲の日に、クンマロ（砂糖黍搾りをする所）で老夫婦が銃撃に遭って殺されただけだった。

朝早く起きて身支度をして、集落で掘った防空壕へ避難する毎日が続いた。午後の空襲が終わると足早に家に帰ってきていた。

ある二月の寒い日の朝、防空壕へ避難する支度を終えた母が弟の寝ている布団の傍へ、

「今日はよく寝てくれたね。いい子だった」

と言いながら駆け寄っていき、頭から被っていた布団を上げた。すると弟はすでに死んでいた。窒息死だった。

母は仰天した。死児を抱き上げて、小さな両頬を何回も叩いた。泣き声を期待して。しかし、何の反応も示さなかった。

母は狂病者のようになった。母はその日は防空壕へは行かなかった。

「この子と一緒に爆撃に遭って死ねたら死にたい」と言って。

棺もなく、遺体はねんねこに包まれて、暗闇の中で埋葬された。見送る人も少なく、薄暗い月明かりだけが救いだった。

弟は戸籍簿には載ってない。戦時中で出生届も死亡届も出せなかったのだろうと思う。出生日、死亡日の確実な日は覚えていないが、月だけは確かだと覚えている。

那覇空港には、父と、母の葬儀の世話をしてくれた人たちが数名出迎えに来てくれていた。父とは言葉を交わさずあいさつして、出迎えの一人ひとりに深く頭を下げて、お礼を言った。

家の中に入って愕然とした。葬儀のあとが何も見当たらない。小さな部屋はがらんとして

いた。祭壇も遺骨も見当たらなかった。卓袱台の上に線香立てと、キャビネ額に入った母の写真が置いてあるだけだった。

父母は何年か前からある宗教団体に入会していた。今回の葬儀はその団体の人達が一切を取り仕切った。

「Uさん夫婦は幹部なので、ここのみなさんに親身に頼んで、いい葬式をしてくれたよ。私は一人で何もすることができず、すべてお任せでお願いした。本当にみなさんよくやってくれました。葬儀場には二、三百人もの人が集まって、おっかんにはもったいないような葬式をしてくれました」

父は真赤な目をこすりながら言った。

私は父の言葉を、そのまま受け入れることはできなかった。この部屋は空虚でむなしい。母の一生を閉じるにふさわしくない貧弱な部屋だ。

私は夜中に目が覚めて、卓袱台の線香立てに火をともし、写真を見つめていた。母に苦労と心配ばかりかけてきて、何一つ孝行できなかった自分を責めていた。止めどもない涙が顔を濡らした。

奄美の島々探訪

私は昭和四十年（一九六五年）四月一日、奄美の島々（奄美大島、加計呂麻島、喜界島、

徳之島、沖永良部島、与論島）を訪問する目的で東京を出た。

貿易商社を辞めて、幾ばくかの退職金をもらい、それを全額持っての旅だった。そんな身勝手な決心を、光恵は一言も反対せず、受け入れてくれた。「この人はそんなに作家になりたいんだ」と思い、じゃあ応援しようと考えたそうだ。そして私がいない間、光恵は赤羽の印刷工場に勤めて家計を助けてくれた。

東京から鹿児島までの国鉄の旅は、ほぼ十年前昭和三十一年（一九五六年）四月、鹿児島から東京へ行った時と比較して数段速くなったと感じた。

三日の夕方、鹿児島港から奄美の島々へ行く汽船に乗った。港には大勢の男女生徒が見送りに来ていた。何ごとかと思った。聞いてみると、担任の先生が奄美群島の学校へ転勤になり、赴任していくところだった。汽船と桟橋を色鮮やかなテープがいっぱい先生と生徒の間を結んでいた。昔東京に向かって故郷の港を出発したときのことを思い出した。私はその風景を写真に収めた。

翌日の朝方、汽船は名瀬湾に入港していった。名瀬港で撮った風景写真を見るとその日は曇っていた。山並みの風景は変わることないが、桟橋に近づくにつれて街並みの風景は十年前とは違って見えた。

私は名瀬港で下船すると、従姉妹のM.K.姉宅を訪ねた。住所を頼りに探していくと場所は容易に見つけられた。住宅は生産町の小高い丘の上にあった。名瀬市営住宅だった（市が最初に住宅建設した第一号の抽選に当たり入居できたと喜んでいた）。

M姉の夫、Y.K.兄は当時鹿児島県庁大島支庁に勤めていた。姉は夫と三人の娘の五人家族で六畳・四畳半二間の部屋で住んでいた。

姉とは十数年ぶりの再会だった。姉夫婦は琉球政府統計局に勤務していて、そこで知り合い結ばれて、沖縄で結婚式を挙げた。姉に会ったのはその結婚式場以来だ。花嫁姿の姉はすっかりお母さんになっていた。

「名瀬には何の用で来られたの。お仕事で？」

M姉はあいさつを交わした後用件を聞いてきた。この質問は私にとってきつい質問だった。

「名瀬にはS先生にお会いしたくて来ました。仕事は辞めて退職金をもらい、それを持って、奄美の島々を一ヵ月くらいかけて島探求の旅をしたくて来ました」

私は旅の目的をはっきり言うのを躊躇していた。が、かいつまんで話した。

姉は怪訝そうな顔をして聞いていた。

〔結婚したての若僧が、会社を辞めて旅をするとは何ごとだ〕と感じているように思えた。

私は上京してから、職場を転々としながらも文学書を読み、小説を書いていた。結婚してからもそれは続いていた。昭和三十八年に「文藝首都」（同人誌では権威ある雑誌。昭和二十五年発刊、昭和四十一年六月、三十五周年記念号発行、芥川賞、直木賞作家を多数輩出）

同人になった。昭和三十九年?号に自作『マント姉』が載った。後に芥川賞を取ったK.N.氏が賞賛した。

私は自作が「文藝首都」に載ったことで作家になれると錯覚を起こした。もし今後作家になれたとしたら、T.S.氏のように島を題材にしたいと考えた。しかし私は島（徳之島）には十年ほどしか住んでいない。徳之島以外の島は知らない。今のうちに奄美の島々を旅して、この目にこの体内に焼き付けておきたいと願望した。それで無謀にも会社を辞めて旅に出る決心をしたのだ。

私はM姉に「取材旅行に来ました」と言えるほどの勇気も自信もなかった。

K宅を宿泊場所にして、奄美大島の市町村を一週間かけて旅をしてまわった。

翌日、奄美図書館へT.S.先生を訪ねていった。私は文学に目覚めたころから文芸雑誌で先生の作品を読み、身近な奄美の島での出来事が描かれていることに感動し感想文を送っていた。それから何回か手紙のやりとりをして、今回の訪問の約束を取り付けてあった。

当時、先生は奄美図書館の館長を務めていた。私は二階にある館長室を訪ねた。入り口で「雪山です」と名を告げると、先生は席を立って出迎えに来てくれた。私は恐縮した。先生は腰が低く謙虚で優しい人物だという印象を初対面で感じた。作品を読んで描いていたイメージとはだいぶ違った。

その時撮った写真が三枚アルバムに貼られてある。一枚は館長室で先生がデスクの前に座っているところを私が撮った写真、一枚は先生が私を撮った写真、あと一枚は玄関の階段で先生と私、二人立ち並んでいるところを職員に撮ってもらった写真。私が一段上に立って二人の背丈は同じくらい。先生の肩幅はひとまわり大きい。髪の毛は黒々でふさふさしている。目は一瞬鋭く見えるが、よく見ると人を包容するような優しい目をしている。

私はその時先生と二時間ほど対談した。今、その時の詳細な対談内容については覚えていない。思い出そうにも思い出せない部分がほとんどであるが、初対面の一文学青年と長時間に亘って対面してくれたことに対して「夢のようだ」と感激、感動したことは強い印象として残っている。

私は訪問時、先生の著書を二、三冊持参していった。その中に沖縄にいたころ買った、昭和三十五年発刊の『離島の幸福、離島の不幸　名瀬だより』があった。この本は奄美の島々を探訪し、研究し戦後の生活や風習を克明に描いてあった。

この本を話題にしていろいろと質問した。

「先生が戦時中、駐屯していて奥さんと出会われた加計呂麻島を見たいのですが、特に特攻基地だったところを見学したいので、行く道順や見所など教えていただけませんか」

と私が言うと、

「基地の跡は今では何も残っていない。藪だらけになって路もない。見るのは何もないよ」

先生は残念そうに言った。そして、

「島を一周してまわるのは今後のためにいいと思うよ。せっかくそこまで行くのでしたら、すぐ傍にある請島と與路島を見学してきた方がいいよ」

とアドバイスしてくれた。

私は迂闊にもこの二つの島があることを知らなかった。地図で説明を受けて、加計呂麻島の隣に四分の一ぐらいの面積の似たような小さな島が二つあることを初めて知った。小さな発見をしたように心が躍った。

日本地図にも出ない、この三つの島には大昔からの大自然が今も色濃く残っていると、先生は奄美大島の地図を見せながら話してくれた。

四月七日、北端の笠利町や龍郷村、名瀬市街などを一人旅し終えて、三つの島のある瀬戸内町へ向かった。北端の笠利町辺りは平地が多く見られたが、東端の住用村、元古仁屋町へ進むにつれ、険しい山谷路が続いた。

T.S.は『名瀬だより』の中で奄美大島のことを次のように描写している。

〔島の大きさは、淡路島ほどのものだから、それほど狭さを感じさせるわけではないが、平地らしい平地がほとんどない上に、島内は山々が重なり、山々の裾野は平野を展開させることなしに切り立ったまま海中に没入する。だから島の風景から受ける感じは余裕のないきびしさだ〕

島の風景描写は島尾先生の表現を借りることにした。勉強のつもりで。

激しい凹凸道で、乗合いバスの座席に座っていることができなかった。大揺れがあるたびにしりもちをつき、座席から突き飛ばされた。座り直すのを止めて、吊り革につかまり外の風景を眺めた。突如、禿山が現れた。緑の樹木は一本もない。羊が毛を刈り取られたあとのように、山の頂上から裾野まで、痛々しく伐採されていた。一山二山と連なっている禿山は見るに忍びなかった。

聞くと、本土の鉄道の枕木に使用するために、鹿児島の業者に山ごと買い取られ伐採された跡とのことだった。

古仁屋港に着くと、伐採された丸棒木がパルプ材として、およそ千本以上が山と積み上げられていた。

その日は古仁屋の旅館に一泊した。明くる日の朝、油井岳に登り、瀬戸内湾を眺めた。海面に浮いているような小島の連なりは、絵画を見ているようで実に美しかった。何枚も写真に撮った。

古仁屋港からポンポン船に乗り、加計呂麻島へ渡った。船着場の近くにバスが待っていた。バスの車掌に、

「呑ノ浦湾の特攻基地跡を見に行きたいのですが、案内願えませんか」

と聞いた。

「呑ノ浦行きのバスはありませんよ。通れる道路もないし、人も住んでいませんから」

背の低い小太りの車掌は笑みかけながら言った。

S作家は昭和三十七年、『群像』九月号に『出発は遂に訪れず』を発表していた。作品は、呑ノ浦湾で特攻出撃隊長として駐屯し、終戦前夜、出撃命令を待つ体験を描いたものだった。私はこの作品を『群像』で読み感激した。その時から、この島のこの場所を一度訪問してみたいと思うようになった。

「呑ノ浦湾が見たくて、わざわざ東京からこの島へ来たのですが、どうにかできませんか」

と、あきらめずに聞いた。

「終点まで行けば呑ノ浦湾は眺められますから。場所まで行くには一人ではムリですよ。歩くしかないから時間もかかります」

車掌は物好きな人もいるもんだという顔をしながらも、私に同情したように教えてくれた。

私は終点まで行き湾を眺めて写真を撮り、同じバスで引き返してきた。

(平成十年(一九九八年)、私は東京奄美会役員メンバーと一緒に郷土表敬訪問団に参加して、三十三年ぶりに呑ノ浦湾を訪問してみたら、すっかり変貌していた。T.S.文学碑が建ち観光ルートになっていた)

請島へ一日一便の定期船で渡った。バスも車もない島だった。浜辺に五、六歳の裸足の女の子が父親の帰りを待っていた。同時に下船した父親は両手に荷物いっぱい下げて、女の子の手を薬指で引いて砂浜を歩いていった。その微笑ましい姿を写真に二枚収めた。

請阿室港から隣の池地港まで山道を歩いて行った。細道は木の根っこが階段の役割を果たしていた。出会う人はなかった。坂道を登りつめると、子どもの元気な声が聞こえてきた。おしゃべり声に近づくと、そこは小学校だった。校門の前までくると、竹箒で掃除をしていた女子生徒たちが掃除の手を休め、

「おじさん、こんにちはー」

とあいさつを交わしてきた。最初は二、三人の声。あいさつの声を聞いた仲間たちが次々と寄ってきて「こんにちは」とあいさつをしてくれた。その数、十数名。爽やかな気分になった。なんと純真な子供たちだろう。その純朴さに感動した。あれから三十数年過ぎたが、その時の感動を今も忘れられず大切にしている。

第三章

挫折から創業へ

昭和四十年（一九六五年）五月十日、私は奄美の島々と沖縄本島のぶらぶら旅を終えて、四十日ぶりに東京へ帰ってきた。

旅行の間、私は写真ばかり撮って、取材らしきものは何一つしてなかった。何のための旅行だったのか悔いばかりが残った。

旅に出かける前は、奄美のことを作品に描く貴重な資料が得られるものと、希望に燃えていた。取材旅行を終えて、帰ってきたあかつきには作品が次々と書き出せるものと期待していたのに、ここへきて期待はことごとく裏切られた感じだ。

私は原稿用紙の前に座って、煩悶した。四十日間も金と時間をかけて何をしてきたのだと。後悔ばかりが自分を責め立てた。

職場を失い、行き場のない私は何のあてもなかったが黙々と原稿を書くしかなかった。光恵は誤字脱字をチェックして原稿を清書してくれた。そんなある日私の原稿が「文藝首都」に二篇採り上げられた。一篇は昭和四十一年（一九六六年）十一月号に『風葬』。あと一篇は昭和四十二年六月号に掲載の『島のフリムンたち』である。

およそ半年の間に、十篇ほどの短篇小説（二〇枚～三〇枚）中篇小説（五〇枚～八〇枚）を書いて「文藝首都」の編集部へ投稿した。

編集部には二十四名の編集委員がいた。編集委員は保高徳蔵文藝首都社主以下、文藝首都入会後、優秀作品を同誌に何篇か発表して、有資格者と認定されたメンバーで構成されていた。毎月投稿されてくる作品を、五名の当番編集委員が読み、二人以上の委員が推薦Aをつけた作品が同誌面に登載されるシステムになっていた。

私が投稿した作品は短篇（風葬）と中篇（島のフリムンたち）だけがA推薦を受けたが、あとは推薦B以下で没になり返ってきた。

没になった作品を読み返してみて、改めて幼稚な描写に羞恥をいたく感じ、文章力の未熟さを思い知らされた。いくつもの小説作法や文章読本を読んでみたところで、基礎的な勉強ができていない上に、才能がないのだと、自分を失望のどん底へ追い詰めていた。

自分よりあとから「文藝首都」に入会してきた勝目梓（昭和四十二年芥川賞候補　作家）、中上健次（昭和五十一年芥川賞受賞　作家　平成四年八月享年四十六歳で没）等が秀作を次々と発表し、編集委員にまで上がってきていた。先を越された焦りもでてきた。しかし彼らには作家になれる才能があるが、自分には才能のひとかけらもないのだと、挫折感に打ちひしがれた。

いつしか小説が書けなくなった。葉書一枚書くのにも恐怖感を抱くようになった。

沖縄から文学を夢見て上京して以来、抱き続けた文学の夢は三十歳の時に虚しく消え失せていった。

小説を書く気を失い、失意のどん底に陥っていた私を、友人が心配して、私に仕事を探して与えてくれた。仕事はカークリーニング業だった。彼の友人が始めたばかりの職業だが、手伝ってもらいたいと言われた。

職場は都内の中古車センターだった。仕事は、下取りしてきた中古車の室内クリーニングだった。掃除は天井から、座席シート、床下シートまでを洗剤液をつけてタワシでゴシゴシと磨いた。液の滴が垂れてきて目に入り、激痛を感じたこともあった。仕事に追われる日々の中で、小説を諦めた心の傷は少しずつ癒されていったが、毎日疲れ果てて帰宅する私を光恵はいつも心配してくれた。

この仕事をしていくには運転免許の必要にかられた。早速赤羽の自動車教習所へ通い、三ヵ月かけてようやくの思いで、運転免許証を取得した。

免許を取ると同時に、中古車をローンで買った。それまで電車通勤していたのを、車通勤に切り替えた。会社は亀有にあったが会社へ行くのは月に二、三度、あとの毎日は、仕事のある中古車センターへ直行していた。電車通勤の時は、F社長が仕事場近くの駅まで迎えに来てくれたが、自家用車を持つようになってからはセンターへ直行するようになった。前日に明日行く仕事場の住所を渡された。

職場は東京二十三区内の広範囲にわたっていた。前夜のうちに道路地図で道順を調べ上げていた。が、一発で行けることはほとんどなかった。交番やスタンドなどで聞いてようやくたどり着いていた。

仕事場は日に二、三ヵ所移動していた。板橋区、杉並区、世田谷区と回る日もあった。区をまたがっての仕事がある日は、朝六時ごろ出て、夜は十時すぎに帰宅した。

クリーニング代は乗用車一台なんぼ（明確な数字は覚えていない）で、大きさの大小、汚れの度合いにも関係なく一律であった。オーナー乗用車あがりの下取り車は汚れが少なかった、タクシーあがりはひどい汚れだった。天井はタバコの煙の脂がいっぱい染みついて、黄色く染まっていた。掃除時間は倍以上かかったが料金は同じだった。

遠距離やタクシーあがりに出合った時は「今日の仕事はツイてない」と嘆いたものだ。仕事は長時間労働で辛かったが、手取り収入は、サラリーマン時代の倍以上もあった。その代わり何の保証もなかった。

カークリーニング業を続けていた、昭和四十一年十月のある日、前に勤めていた貿易商社の上司、N部長が訪ねてきた。その前に電話連絡があり、

「今どういう仕事をしているのか」

と聞かれた。私は正直に今の仕事を話した。すると「それよりいい仕事があるから紹介したい」と言って、わが家まで訪ねてきた。

久し振りに酒を酌み交わしながら、会社と仕事の内容の紹介を受けた。私は説き伏せられ

たような感じで、部長から紹介された職を承諾した。

その会社は足立区南千住にあった。社名はS製作所、オイル、ガスライター専門メーカーだった。私は商社勤務時代、ヨーロッパ向けのガスライター検品で二、三度行ったことがあった。そのころは五十名ほどの従業員がいて活気づいていた。しかし私が社員として入社した時は工場には従業員が十二、三名しかおらず、閑散とした感じだった。ヨーロッパへ輸出したガスライターに不良品が発生し、クレームがつきオール返品になり、それから会社が沈み始めたとのことだった。

N部長の話では、会社には先代からの資産も相当残っており、倒産するようなことは絶対にないからとのことだった。I社長の息子はまだ大学生なので、彼が育つ二、三年間でも社長の補佐役として、総務の仕事をしてもらいたいとのことだった。

しかし入社してみると、話はだいぶ違っていた。工場の中の一角に事務所があった。部屋の奥に間仕切りの社長室があった。間仕切りのこちらにはデスクが四個四角に向き合って並んでいた。そこは営業、経理、総務のデスクだった。デスクには私一人だった。前任者は、最近みんな（四名）辞めていったとのこと。

初出勤した朝、社長が私を工場へ連れていき、集まっていた従業員の前で、

「Nさんの紹介で、今日から事務所へ入った雪山さんです。もとボルスミのNさんの下で働いていた……」

と紹介した。そこで初めて、後に共同経営者として、会社を起こすようになるT工場長に出会った。

事務所に座っていても、仕事らしい仕事はなかった。電話番ぐらいである。社長は九時か十時になると、行き先も告げずに出かけていった。あとで工場長から聞いた話によると、社長は毎日、資金操りに駆けずり回っていたらしい。

電話を取ると、「社長お願いします」と言われる。留守だと言うと、「じゃ工場長」と言われ、その都度工場へ工場長を呼びに行っていた。T工場長と私はすぐに親しくなり、何でも話し合えるようになった。

彼は中学を卒業すると、集団就職でこの会社に入社し、十年余りすぎて工場長になった。仕事はベテランだし、一応の技術者になっていた。会社の内部事情にも通じていた。

入社して三ヵ月ほど経った、十二月の暮れ、明日から正月休みに入る前夜、工場長から誘いを受けた。日本そば屋の二階座敷に上がり、熱燗をグイッと飲んだ後、工場長は会社の実状を話し出した。

「うちの会社はもうじき潰れると思うよ。もしかして正月あけに不渡りを出すかもしれない。社長はまだ売る土地があるから大丈夫と言ってはいるけど」

彼は思い詰めたような顔をして、時々どもりながら以下のようなことを話した。

会社はクレーム返品があったあとは、急激に注文が減り出し、今は主力製品のライター生産は全壊状態だ。社長は二代目で、親の代からライター製造をやってきたが、もうおしまいだ。先代社長が亡くなってから、会社は少しずつおかしくなってきた。社長は何の技術も持たず仕事面は前工場長任せだった。前工場長は返品事件があったあと責任を取って辞めてしまった。課長連中も次々と辞めていき、多くの社員もつられるように去っていった。係長でしかなかった私が、社長にせがまれて工場長になった。

「俺も辞めたくて辞めたくてしょうがないんです」

とTさんは言った。

「辞めて独立しようと思っているんだ。今会社でやっている仕事は、パイロット万年筆のアルミフレームの下請け加工がほとんどなんです。仕事出してくれるお客さんから、このままの状態では不安だから、俺に独立しなさいと言われています。仕事は会社でなく、Tさんに出すからと、独立を勧められているところです」

ここまで話し終わると、彼は明るい表情に変わり、言葉に熱を込めて言った。

そこでTさんは私に協力を求めてきた。

「もし雪山さんが協力してくれたら、すぐにでも独立して仕事を始めたいと思うので、考えてもらえませんか」

と懇願された。彼は私を口説くように、

「雪山さんと初めて会った時から、気の優しい信頼できる人だと思っていた。一、三ヵ月お付き合いしてみて、俺の勘は当たっていたと感じたんです。前から心の中で、一人で独立しても仕事はできない。誰かいい相棒はいないかと探していた。俺は仕事面の加工技術は自信を持っている。が、経営とか営業は自信がない。雪山さんはその面の仕事はできると信じています。俺が探し求めていた人は、雪山さんだと思うようになったんです。ぜひ一緒にやってください」

彼は私の目を見ながら訴えた。彼の思いがこもった話を聞いていて、お世辞とは思えなかった。彼の考えには共感する部分も多い。

その夜は、妻ともよく相談し、検討して正月あけに返事するということで別れた。が、私の心は共同経営の意志を固めていた。

昭和四十二年三月末に、S製作所を二人で退社し、すぐに独立準備にかかった。

資金を五十万ずつ出し合い、資本金百万円の会社を起こした。その資金を元に場所探しから始まった。場所は郷土の先輩、U氏が店舗設計会社を経営していて、創業時に建てた工場が空いていたので、そこを借りることにした。

工場設備はアルミ切断機一台、パープレス二台、ケットバシ三台、その他工具類、備品等を設置した。

同年七月一日、関係者十数人集まって工場内で創業祝いをした。

創業時はT、妻、私の社員三名のスタートだった。

翌昭和四十三年（一九六八年）四月一日、有限会社アルナ工芸社を設立した。社長雪山渥美、専務K．T．氏、経理担当雪山光恵が役職者となり、社員に私の妹のT．O．、専務の弟I．T．氏が入社、従業員はパートも含め十余名になっていた。

創業スタート時の仕事は、自動車部品の孫請け的なプレス加工の工賃作業が主だった。が、翌年の有限会社設立時には、自社製品アルミ額縁製造が主になりかけていた。

事業は順調に滑り出した。

創業時代

昭和四十三年三月のある日の夕方、T公認会計士がU氏に連れられて会社に来た。

U氏は、郷土の先輩で親戚でもあり、工場の大家さんでもあった。

「T先生は弟の大高（大島高校）時代の同級で、中央大学を出て最近公認会計士の資格を取ったばかりだ。二十代でこの資格を取れたのは大変な秀才だ」

U氏はT先生の優秀さを強調して紹介した。彼ははにかむようにして、名刺を出した。

T先生は精悍な顔をしていた。目は鋭く光っていた。年齢は私より三歳ほど年下だが、初対面の時は年上のように見えた。

「共同経営の場合は、最初から金の出入りは一円たりとも漏らさず台帳に記帳しておかないと、後々問題を起こしますよ」

先生は経営者三人の前で釘を刺すように言った。

私たちは先生に、今後の会社の経理を見てもらうことを、話し合って決めた。

昨年の七月に会社を創業した時、五十万円ずつ出し合った資本金百万円を、U氏がもと勤めていた地元の川口信用金庫へ、氏の紹介を得て預け入れた。すべての金銭の出し入れは信用金庫を通していた。金銭台帳は経理（妻）がきちんと記帳していた。

先生はその台帳を見せて欲しいと言われた。台帳を見終わると、

「これはすごい。半年で黒字が出ている。これはすばらしい。このままいくと税金を払うことになる。一年目から税金を払うとあとが大変になる。今から税金対策も考えないと」

とにこにこしながら言った。

私たちは利益が出ているとは、夢想だにしなかった。仕事は二、三ヵ月過ぎたころから次々入ってきて、毎日残業続きだった。高度成長期で人手不足時代だったが、どんな仕事も拒まず受け入れた。自動車部品のプレス仕事が多かった。そのうち当初目標のアルミ製額縁の製造もできるようになった。

仕事が増えると運転資金に窮した。銀行から借入れができないので、親（Tの）兄弟（妻の）に無理を言って借り、急場をしのいでいた。このような苦境の中にいたので、利益が出

ていると言われても理解できなかった。

資本金の百万円は機械設備に約七十万円、工場（十二坪）貸借、製造に約二十万円かかり運転資金としては十万円しかなかった。一ヵ月目から資金不足に悩んだ。最初は日銭稼ぎのような、一工程十銭台の工賃仕事を徹夜までしてやった。しかし、苦にはならなかった。何十銭の積み重なりが楽しくなってきた。徹夜作業が連日続き疲労困憊していたが、出来高の金の計算をすると疲れはどこかへ飛んでいた。

独立して会社を始める一年四カ月前に、家庭にも大きな変化があった。長男Yの誕生だ。とうとう自分も人の親になったのかと感慨深く、この子のためにも事業を成功させなければならないと思った。

妻も一緒に働いていたので、赤ん坊の世話と仕事の両立で本当に苦労をかけた。毎朝当時住んでいた赤羽桐ヶ丘団地から、午前七時ごろ親子三人、私が運転する車で出かけた。会社へ行くには赤羽駅の踏み切りを渡らねばいけなかった。そこは「開かずの踏み切り」と言われていたところで、朝の時間帯はいつも二、三十分待たされた。子供は待つ間止まっている車の中で、ぐずつき泣き出すことが多かった。走り出すと泣き止んだ。

会社は鳩ヶ谷市里にあり、会社には八時ごろ着いていた。妻は子供を負ぶって、急勾配の階段を這い上がるようにして二階事務所へ上がっていた。二階は元木工所の休憩室だった。

トタン屋根で天井がなかった。真夏の暑さは座っているだけで汗が噴き出した。そんな所で、妻は子供を遊ばせ寝かせながら事務を執っていた。帳面のつけ仕事を早めに済ませて、子供を背負い下の工場へ降りてきてプレス仕事をした。妻にとってプレス作業は初めての経験だった。私は職業を転々としていた時代、プレス会社に半年ほど働いた経験があったが、妻は全くの素人である。プロのTさんが仕事の手解きをすると、わりと器用なせいかすぐに慣れた。

妻の慣れた手を会社は必要とした。「子供連れでは仕事ができない」ということで、まだ乳飲み子だった長男を、真向かいに住んでいたOさんに預かってもらった。Oさんは孫のように可愛がり育ててくれた。朝早く預け、夜遅く引き取るまで、本当によく面倒みてくれたと、今でも感謝している。大山さんには保育園へ入るまで息子の面倒をみてもらった。

その後長男は保育園に入ったが、お迎えはいつも最後。ずいぶん寂しい思いをさせてしまったなあと、誰もいない部屋でポツンと待っていた長男の姿を妻は今も忘れないと言う。

自社新製品誕生

創業する前から、額縁用のアルミ型図面をあれこれと考案していた。創業間もなく型図を決定した。それはパイロット万年筆の形をまねた無難な形に納まった。

新型をアルミ型材問屋のN金属へ発注した。問屋から、納期は三ヵ月かかると言われた。

新型材の出来上がりを心待ちしていた。

　納期日の二週間前に問屋に確認の電話を入れると、予定どおり進んでいるとのことだった。安心して納品の日を待った。そして当日になり、いよいよ届くと期待して待っていたのだが、午後三時を過ぎてもまだ入荷されない。不安になり問屋に電話を入れた。一週間から十日遅れるとの返事。がっかりした。一言の詫びの電話もなかった。頭にきて、怒りの電話を入れた。どういうことだと問い詰めると、この業界では一ヵ月くらいの納期遅れはごく当たり前だと言う。納期に厳しい貿易業界にいた私には考えられないことだった。非常識でゆがんだこの業界のルーズな納期体質を正してやろうと思った。

　さらに詳しく聞くと、問屋にアルミをおろしているHアルミ工場からの納品が遅れているため問屋も困っているとわかった。そこで工場まで行って、現場担当者と粘り強く交渉をして納期を短縮してもらった。怒ったり、懇願したり、ありとあらゆる手を使ったのが効果的だったようだ。

　三日後に、二メートルにカットされたアルミ型材が入荷してきた。梱包をほどき、フレーム検品した。あまりの嬉しさに手に持ったフレームを頬にあてた。冷たい感触が気持ちよかった。

　Tさんがアルミ切断機で、フレームの四十五度カット加工を始めた。テスト加工を何回もした。四十五度合わせに苦労した。コーナー金具の穴あけ加工、裏板止めの穴あけ加工など、一個のアルミフレームが出来上がるまでの工程数はかなりある。ガラス、マット、裏板は寸法カットされ用意されていた。三人の工員（雪山、T、T弟）が悪戦苦闘して試作品を仕上げたのは夜の十一時頃だった。「やったぁ」と思わず歓声が上がった。

額縁の初注文は東京神田の額縁画材専門店I社から、（有）第一アルナを通して受けた。第一アルナはうちの営業所的な存在だった。注文は八切から全紙（額縁業界言葉でサイズを表す）まで八サイズ、合計六百枚だった。大量の注文がもらえたと私たちは大喜びだった。

約一ヵ月かけ、日曜休みもせず、毎日残業して、パートまで使い、ようやくの思いで六百枚の製品を生産し終えた。その時は、感激した。最後の一枚を仕上げた時は思わず拍手がわいた。その晩は祝杯を上げた。

納品先は神田すずらん通りにあった。店先に着くと、営業の二人がI社へ入っていった。入って間もなく、荒い喧嘩声が聞こえてきた。言い争う声はだんだんと激しくなっていった。何ごとが起きたのかと、生産の二人も争いの場へ入っていった。

「連絡もなしに、一時にこんなにたくさんの荷物を持ってきても置く場所がない。持ち帰れ」

I社の社長が怒鳴っていた。話は険悪な状態になった。

「百枚も注文した覚えがない。十枚しか頼まなかった。勝手に作ってきた品物は受け取れない。持ち帰れ」

厳しい口調を繰り返した。取り付く島もなかった。

注文を受けた時の経緯を、営業は必死に説明していた。社長は違うと跳ね返していた。二人の言い分を聞いていると、営業の方が正しいように思えた。が、正式な注文書などは受け取ってなかったので、泣き寝入りするしかなかった。

営業は残った在庫を売りさばくために、業界の売れそうな得意先を一軒一軒まわった。

三ヵ月ほどすぎたころ、杉並区荻窪駅前にある、額縁、画材専門卸問屋、日本H株式会社を、営業が開拓してきた。

昭和四十三年三月初旬のころ、営業のYとともに、日本H荻窪本社を訪問した。

本社は駅を降りて二、三分の所にあった。一階には「O画材」の看板がかかっていた。変なひらがな文字だと思いながら店を覗いた。店内はきれいだった。店内を通り脇の階段を上がっていった。社長室は最上階の三階にあった。

応接間で硬い表情をして待っていると、間もなくF社長とK部長が現れた。

名刺交換をし、あいさつを交わしたあと、

「みなさんは、I社長にひどい目にあったらしいね。あの男はよく仕入先いじめをするので評判悪いよ」

大柄でかっぷくのよい、社長は私たちに同情するように言った。

営業の二人が先日、製品売り込みに来て、経緯説明はしてあった。その時製品を見てもらい気に入ってもらっていた。あとはメーカーの社長に会いたいとのことで、今日私が連れて来られた。

「この商品はよくできている。これからアルミ額縁は伸びるとみている。この製品の販売権をうちに任せてもらえないか」

私は社長の言葉に耳を疑った。夢を見ているのではないかと一瞬戸惑った。

「お任せします。よろしくお願いします」

私は深々と頭を下げた。

社長は全在庫製品を買い取る約束をした。次回注文も出す用意があるから、いつできるか納期を知らせてもらいたいとも言った。

「捨てる神あらば、拾う神あり」とはこのことか、と神の仕業のように思えて感無量になった。

日本Hは創業五、六年で、額縁、画材の全国販売をしている伸び盛りの会社だった。

昭和四十三年四月、会社設立した初月の売り上げは得意先五件で九十五万円だった。十二ヵ月目の三月の売り上げは得意先八件で百九十五万円と約二倍に伸びていた。これら全て日本Hの伸び率の数字だった。日本Hへの売り上げが、わが社の売り上げの六十パーセント強占めていた。その後この売り上げ比率は数年続いた。

F社長は、わが社の救いの神であり、育ての親だった。今でも深く感謝の念を抱き続けている。

第一期の決算書を見ると、売り上げ高は千七百七十万円、総利益一千四十八万円、経費九百八十六万円、経常利益三十万円。と黒字決算になっている。

企業を起こしても、利益が出るのは早くて三年、と聞いていた。三、四年は赤字覚悟で取り組んでいた。生活費が稼ぎ出せればいいと考えていた。覚悟に反して、一年目から黒字が出せたのは、公認会計士の経営指導がよかった。またF社長の全面援助（最初、多量の注文を受けても、材料を買う資金が不足した。その旨告げると、資金比率の高いアルミ型材料は買って支給してくれた。その上運転資金を現金または手形で貸してくれた）があったればこそできたことだった。

この二人とは、創業以来ずっと取引を続け、また個人的にも懇意な付き合いをしていたが、F社長は平成三年十二月十四日に、T先生は平成十一年十一月七日に亡くなった。病気見舞いに行く間もない、急逝（私にとって）だった。二人のお通夜は、同じように寒風吹きすさぶ寒い夜だった。

私（弊社）がここまでどうにか経営してこられたのも、創業時に二人とめぐり会い、よき指導と厚い援助を得られたからだ。深い感謝の念で胸が詰まる。心より冥福を祈るばかりだ。

発展と税務査察

昭和四十三年四月、共同経営で有限会社を設立して、第一期目から経常利益は黒字を出した。二期目の売り上げは前年より一五一パーセントも伸びた。三期目は二〇二パーセント、四期目は一一三パーセント、五期目は一四七パーセントと毎年伸びてゆき、五期目は一期目の約五倍に発展していた。

経常利益のほうは、二年目は前年の三・五倍に、三年目は一・七倍になった。が、四年目は五分の一に減ってしまった。五期目も、最高益を出した三期の二六パーセントしか出せなかった。

売り上げが伸びて、利益が減少した場合、その理由を併記する欄が確定申告書の中にある。第五期の営業成績概要欄にその理由を次のように記してある。

「＊前年と同じ従業員にもかかわらず、売り上げが約四〇パーセント増加した。此れは、外注依存によるものである。自社加工利益率は前年より四~五パーセント減に加えて、外注分は二〇パーセント前後の粗利益しか望めず、この結果売り上げ総利益率は前期三六パーセントあったのが、今期は二七パーセントへ減少してしまった。

＊在庫高、約二倍については、返品及び外注依存により、社内加工の時の倍の手持ち材料が必要になった。また十二月~二月にかけて、受注を受けた注文五百万円位が、受注取消しになり在庫が増えた」

昭和四十八年（一九七三年）五月三十一日、T会計事務所で作成してもらった第五期決算書を持って、川口税務署へ出かけた。税務署は三月決算企業の最終申告日ですごく混雑していた。駐車場は満車で車は遠くの道路に停めるしかなかった。行列の後ろに並び、順番がきて確定申告書に税務署の受付印を押してもらうと、肩の荷が下りてほっとした。

その年の七月、暑い日射しの日だった。

午前十時ごろ、工場二階の奥隅にあった事務所に来客があった。

「社長！　お客様です。事務所へお戻りください」

事務員がかんだかい声で、マイクで呼び出した。私は一階の工場で仕事をしていた。最初のアナウンスは騒音で聞こえなかった。二度目の放送を聞いた社員に呼ばれて事務所に上がっていった。

ドアを開けると、中古の応接セットに座っていた男性は立ち上がり、

「国税局からきました」

と言いながら、黒ケースに入った身分証明書を私の目の前につき出した。名刺入れの中には、厳めしい国税局の赤印刻が押されていた。見た瞬間、私は威圧された。得体の知れない恐怖感におそわれた。

査察官は鋭い目つきをしていた。黒メガネの奥から私を睨みつけながら言った。

「雪山社長さんですね」

「はぁあい」

と、私はおびえ声で返事をした。

「すみませんが、財布をテーブルの上に出してくれませんか」

私は作業ズボンの右ポケットから、小銭入れつきの財布を取りだしてテーブル置いた。

「いくらあるか調べてくれませんか、小銭の一円までも」

屈辱感ではらわたが煮えくり返っていた。が、我慢するしかなかった。いくらも入ってない札を数える手は震えていた。

査察官は数えあげた金額を手帳に書きとめた。「意外に少ないなあ」という顔をしているように私には見えた。「次に会社の金庫を持ってきてくれませんか」

と言われた。その時会社の経理で金庫番をしていた妻が、おぼんにお茶をのせて入ってきた。

「お茶はけっこうです。いただけませんから、お引き取りください」

言葉遣いは、いたってていねいだが、態度は横柄だった。

妻が手提げ金庫を持ってきた。指示されるまま鍵をあけた。

「奥さん、数えていただけませんか」

妻は平然と数えあげた。千円札、百円、十円、一円玉を円玉ごとに積みあげた。その動作に動揺はなかった。

査察官は、こんどはカバンから調査ノートを取り出して、その中に金額を書き込んだ。

書き終えると、私たちに向かって言った。

「これから言うものを、取りそろえて持って来てくれませんか」

言われたのは、小切手帳、手形帳とその使用済のミミ、銀行勘定帳、小口金銭台帳など銀行に関係するものだった。

今期現在、使用中分と前期分を取りそろえて持っていくと、

「ご苦労さまです。この場所をお借りします。あとは立ち会わなくてもけっこうですから、お仕事をつづけてください」

その場を離れて、一階の工場からT会計事務所へ電話をかけた。

「なんの連絡もなしに、ふいに来たのか」

T先生は驚いたような声を出した。そうです、と答えた。

「国税局からだと、何かつかんで来ているな、脱税に思い当たる節はないのか、どこかの売り上げを隠したとか」

「製品売り上げは一度もない。現金売りは一ヵ所もなく、商品は全部売掛だから。支払いは手形か小切手だからごまかしようがない。あるとすればスクラップだ。三回に一、二回裏通帳に入れている」

私は気にしていたことを吐きすてるように言った。

「それだよ、それにしても、スクラップぐらいじゃたいした金額にはならないだろう。それぐらいのことで、わざわざ国税局がくるかな、明日都合つけて行くわ」

先生はまだ腑に落ちないようだった。

もうすぐ昼休みだ。昼食を用意しようと思って、応接間に入った。査察官は夢中で台帳と格闘していた。座って台帳をめくっているすがたを、上から見下ろすと頭の中央の禿が目についた。立ってあいさつを交わした時は見えない部分だった。若いと思ったが、ベテラン調査官なんだと思った。

「お昼ごはんを注文したいと思いますが、ごはんとそば、どちらにしましょうか」

と聞いた。

「どうぞおかまいなく、自分で食べに行きますから、そば屋さんを教えてください」

税務調査官は、業者からの食事接待は絶対に受けつけない。査察官ならなおさらのことだ。と、T先生からあとで教えられた。

私は査察官の名前を覚えていなかった。身分証明書を出した時、写真の下に記されていた名前を読み取れなかった。その後聞くのもおっくうになった。また本人も言わなかったような気もする。

午後五時になって、査察官から呼ばれた。「きょうはこれで帰ります。書類はこのままにしておいてくれませんか。あと第一期分からの書類を全部用意してくれませんか」とたのまれた。質問は何も受けなかった。そのためにかえって不吉な予感がして不安になった。

翌日、T先生が査察官より先に来て打ち合わせをした。不安で落ち着かない私の様子を見て、

「もっと落ち着けよ、スクラップぐらいじゃたいしたことないよ。修正ですんじゃうよ、心配するな、社長がおどおどしていたら、ない腹まで探られちゃうよ」

と先生は励ましてくれたので、いくらか気分が落ち着いた。

二日目からは、T先生立ち会いのもとで調査が行われた。調査官は身分証明書を示し、先生は名刺を出してあいさつを交わした。ちょっとの時間談話を始めた。その時、査察官が「先生、せんせい」と敬意をはらう言葉遣いで、会話しているのを聞いて「あれー」と感じた。先生のほうが偉いのかなあと思った。

昨日のような、暗いはりつめた雰囲気は解けていた。二人は時々と談笑しているようだった。調査は終わった。特別な脱税容疑は出てこなかった。私はほっと胸をなでおろした。

「三日間も調査して、なんのおみやげも持たずに帰すのはかわいそうだから、スクラップ代をお土産にしたよ」

T先生は、査察官が帰ったあと私に言った。

スクラップ代とは、わが社の製品のメイン材料はアルミ型材だ。アルミフレーム切断加工後に、切り屑と切り粉のスクラップが出る。ある程度の量がたまると、それを近くにあったスクラップ業者T商店へ持っていき売っていた。一回の売り上げ額は二万円前後から、多い時で三万二、三千円だった。最初の期は四、五ヵ月に一回のわりあいだったが、売り上げが伸びるに従い、出る回数が、三ヵ月に一回、二ヵ月に一回、一ヵ月に一回と増えていった。

代金の会社入金は、最初は三回に二回のわりあいで入金していたが、スクラップ量が増えるにつれて、裏入金のほうも増やしていった。あとで調べて分かったことだが、四期は三期より売り上げは高いのにスクラップ代入金は二十パーセントほど減っていた。これでは簡単に税務のプロから見抜かれてしまうと思った。

先生がお土産に持たせてやった、という意味は、裏入金した金額を調べて売り上げ計上し、修正申告をするということだった。

裏入金した金はその期のうちに、交際費や遊興費に使って、残高が残ることはほとんどなかった。

調査の方法は、税務署の方でT商店へいって、当社への支払い回数と金額を三年間分調べてくるとのことだった。T商店からの支払いと当社への入金を照合して、その差額を出すことは、大変な作業になるなと思った。ご迷惑をかけて申し訳ない。しみじみと後悔の念が深まっていった。

(あとで、憶測で分かったことだが、地主のW氏が大口脱税容疑で国税の査察を受けた。そのオトリ調査のようだった)

それから数ヵ月後、昭和四十八年十一月三十日、川口税務署へ三ヵ年分の修正申告を済ませた。追徴納税額は十万円足らずだった。

裏金はムダ金になり、あだ金になる。脱税は会社の発展をさまたげる、という教訓を得た。

ヨーロッパ旅行

昭和五十一年（一九七六年）十一月九日より二十日まで、初めてのヨーロッパ旅行をしてきた。

観光旅行先は、訪問順にスペイン、イタリア、スイス、フランス、西ドイツ（当時）の五ヵ国だった。

当時はまだ海外旅行には、円の海外持ち出し制限時代だった。一ドル円換算三百六十円が続いていた。

そのような時代で、海外旅行はまだ高嶺の花だった。会社を創めて八年がすぎていた。売り上げは創業期よりも約七倍も伸びていたが、利益はさほど出ていなかった。このような状態の中で、無理して海外旅行に行く気になったのは、得意先のF社長のつよい勧めがあったからだった。

「これから額縁業界で生きていこうと思うなら、ヨーロッパを見てこないとダメだ。特にローマ、パリの美術館を見て来たほうがいい。自分は先日行って来たが、いい勉強になった」と旅行から帰ってきたあと、呼ばれて自慢話を聞かされた。

それから半年ほどすぎて海外に行くチャンスが訪れた。

川口商工会より旅行案内が届いた。普段は見落としている記事に目がとまり、応募した。

担当係員が身元調査をかねて来社した。案内スケジュールを事細かく説明されると、夢はさらに膨らんでいった。

旅行会社はJ.P.だった。搭乗員は「ヨーロッパ案内はこれで三回目だ」といっていた、まだ若い青年だった。貫禄があるように見せようとして、無理して生やしたような鼻髭が印象的だった。


アラスカ上空でいちめん雪に覆われた白銀の山並みを機内から見下ろしたときは、感動した。窓際でシャッターを何度もきった。

十一月十一日午前十時ごろ、スペインのマドリード空港に着いた。空は青く澄み渡っていた。羽田空港を九日に発って三日目である。時差はあっても、長い飛行旅のような気がしたが、疲労は微塵もなかった。

ターミナルには大型観光バスが待っていた。私たち観光グループ(埼玉県川口市、東京都多摩地区、静岡県清水市から集まった総勢二十八名、うち男子十八名、女性十二名)はバスに乗り込んだ。

ヨーロッパの地に降り立って、初めてマドリードの街並みをバスの窓から眺めて深い感動に浸った。私が小説を読み、映画を見て描いていたヨーロッパ風景とは異質なものだった。日本と変わらぬ山河風景を見て不思議な気持ちになった。と同時に、自分の現実認識の甘さに気恥ずかしさを感じた。

ガイドは日本人の顔をした四十代の女性で、日本語の喋り方に異国訛りがあった。ガイドは自己紹介で、自分の母は日本人、父はスペイン人、生まれ育ちはここマドリードと紹介した。名前も聞いたが今ではすっかり忘れた。彼女は正しい日本語でガイドをした。私たちが忘れかけていた古い言葉が時々出てきて「はっ」とさせられた。その時の印象だけがいまだ残っている。

バスを降りて、プラド美術館へ歩いていく途中、可愛らしい三人の少女と出会った。天使のようだと感動してしばし見とれていた。本当に美しいと思った。私はその時、８ミリ映写機とカメラを持っていた。映写機を少女たちに向けて流し撮りをしていた。レンズの中に映し出される純白な顔に酔いしれた。

少女たちは、写真を撮られていることに気付き、はにかみながら顔を手で隠した。そのしぐさがなんともいえぬ魅力に感じた。

私は映写機を同僚にあずけ、カメラを持って「ごめん、ごめん」といいながら、少女たちに近づいていった。発する言葉は日本語と英語のチャンポン。少女たちに通じる訳はない。が、ジェスチャー会話で充分に通じた。

「写真を撮らせてくれませんか」と申し込んだ。ニコニコしながら頷いた。

その時撮った写真がアルバムに貼られてある。少女が三人写っているのが、私が撮った写真。私が少女二人と並んで写っているのが、少女の一人が撮った写真だ。

彼女たちはまだ小学生だった。二人の少女は私と同じぐらいの背丈。もう一人の面長で綺麗な顔の少女は私よりも背が高かった。

ヨーロッパで初めて出会った、少女たちのあどけない美しい笑顔は一生涯、私の脳裏から離れないであろう。

私は少女たちと連れ立って、同行メンバーよりすこし遅れて、プラド美術館へ入っていった。館に入ってすぐ、目に飛び込んできたのは「ゴヤ」(スペインの宮廷画家)の『裸のマハ』だった。等身大の裸婦の前に、しばし釘付けになった。少女たちは恥ずかしそうに去っていった。

私はそれまでに、この絵のサイズ違いの複製画を何枚か見てきていた。この絵を春画のようなものだと思っていたが、本物を目の前にして感動していた。

黒髪のしたの両目は、横目でこちらを見つめている。目も鼻筋も見事に美しい。マハの魅惑的な目から目をそらして、豊満な乳房に目を移した。そこからまた陰部のほうへ目を移していった。黒い陰毛がうすく描かれていて、そこが妙に誘惑的で昂奮を感じた。

そこへ搭乗員が、待ってもいつまでも来ない私を探しにきた。

「雪山さん、急いで、急いで。一つの絵をじっくり見ている時間はない。ここの見学時間は一時間しかない。駆け足でまわらないと観きれない。それでも全部は見学できない。主要な所だけをわたしが案内するから、離れずにあとをついてきてください」

彼は息を「はあ、はあ」させながら、手招きしながら言った。

美術館にはおよそ三千点の作品が展示されていると聞かされたが、その中の百点ぐらいしか見ることができなかった。

その後、イタリア、スイスでも美術館を数ヵ所まわったが、どこでも駆け足だった。

世界の名画をじっくり鑑賞する時間はどこの美術館でも取れなかった。唯一、ゆっくり鑑賞できたのは『裸のマハ』だけだった。何千点か見た名画の中でこの作品だけが、旅行の思い出の作品としていまだ私の脳裏に焼きついている。

ヨーロッパ旅行の初めての宿泊地は、マドリード中心街のホテルだった。部屋の窓から、ドン・キホーテの騎馬像が建つ、スペイン広場がよく眺められる場所だった。が、街灯は暗くてよく見えなかった。そのころのスペインの街全体は、ネオンが消えて薄暗かった。国に経済力が乏しく、電力事情が悪化していた。街のネオン使用は禁止され、最小限の街路灯しか灯せなくなったと、ガイドが説明していた。

二日目は港町バルセロナに宿泊し、その夜はフラメンコショーを観劇、情熱的な踊りを楽しんだ。

十一日はイタリア、ローマに飛び、ナポリ、ポンペイ、フィレンツェ、ミラノなどの主要都市の古城や古墳、美術館などを、三日間で欲張り強行軍でまわった。

十四日の昼すぎ、スイス、チューリヒの中心街の商店街で絵画・額縁店を見つけた。

一面透明なウインドーから、色鮮やかな絵画の展示品が目にとまり、吸い込まれるように店の中へ入っていった。「なんと、綺麗な店だろう」と歓喜しながら眺め歩いた。絵はモン・ブランのアルプスを描いたものが多く、観光客向けの作品のようだ。

私は中の絵よりも額縁に興味があった。それは美術館でも同じだ。作品よりも周囲のフレームに先に目が向くようになった。額縁屋になってから習性のようになっていた。

その店で小さいサイズの絵付額と額縁を買った。絵画店を出て振り返り、店内を再度ウインドーから見つめて、「このような店を、将来持ちたい」という夢を抱いた。

私はその夜、ホテルの部屋で買ってきたばかりの額縁を、裏板をはずしてマットやガラスなどの部材を取りはずし、組み立ての仕組みを調べた。色々と弄《いじく》っているうちに、フレームを安易に組み立てられるヒントが浮かんだ。ヒントをマット紙にメモしておいた。

旅行の最後に十七日午前十時ごろから、パリのルーブル美術館を見学した。

昭和四十八年、時の田中首相がヨーロッパを訪問した際、フランス大統領との間で世界の名画『モナ・リザ』を借りてきて、日本の美術館で展示できることが決まった。このニュースが報道されてから、日本ではモナ・リザの大ブームが起きた。

日本で『モナ・リザ』が展示された時、上野美術館へ見に行ったが、すごい人波に押し流されて見ることができなかった。「パリへ行って、本物の『モナ・リザ』をゆっくり、思う存分、心ゆくまで鑑賞しよう」というのが、今回の旅行の大きな目的の一つだった。

夢にまで見た、『モナ・リザ』を鑑賞できる日が今日だと思うと、朝から胸が高鳴っていた。ルーブル美術館に着いて、その荘厳な建物の広大さに目を奪われた。今まで見てきた美術館とは規模が違うと思った。正門から中へ入ると、ガイドが同行メンバーを集めた輪の中で、「これから自由に見学していただきます。注意事項を二、三申し上げます。見学時間は三時間です。ごらんのとおり、ここは世界一広い美術館です。全館くまなく回ると三日はかかります。順路通りまわっては時間が足りません。みなさんの目的は『モナ・リザ』でしょうから、そこへ先に行ってください。順路は後で教えます。単独行動はしないこと。必ず二、三人グループで歩くようにしてください。写真撮影は禁止されています」

と手持ちマイクで話した。

私は同部屋のY君と静岡県からきた仲間四人でグループになり、展示会場へ進んだ。会場をまっすぐ見渡すと、遥か遠くまで展示壁が続いていて、一面に名画が飾られていた。区切りの壁が見えない。その奥深い広大さに驚いた。

見学客は世界中から集まっているようだった。その人たちの中に、好みの絵にカメラを向けて写真を撮っている何人かに出会った。遠慮がちに撮る人、堂々と撮る人さまざまだった。それを見て私は肩掛けバッグにしまい込んであったカメラを取り出して、気に入った名画や鑑賞者風景をパチパチ撮り出した。

腕時計を見ると、あっという間に一時間以上がすぎていた。私たちはあわてて『モナ・リザ』の展示会場を探した。会場に近づくと入口からすごい人込みだった。中に入ると長い行列が続いていた。列の人たちは周囲の絵を眺めながら、のんびりと順番を待っていた。東京で見た時の行列と、今ここで見る行列のマナーの違いを痛感した。

時間を気にしながら順番を待った。いよいよ近づいてきた。胸の鼓動が早くなる。『モナ・リザ』だけが二重ガラスの奥に飾られていた。正面にたどり着いたとき、無我夢中になってシャッターを数回きった。

『モナ・リザ』を初めて見たのは、東京銀座の純喫茶店であった。ボーイとして入社したばかりのころ、レジの横の壁に掛かっていたプリント画をボーイ仲間が紹介した。

「あの絵、不思議な絵だよ、どこから見ても自分をにらんでいる」

といって、絵のそばまで私を連れて行った。二人は壁の左右に立って「モナ・リザ」を見上げた。美しい顔のやさしい目が私を見つめている。中央から見ても、左右から見ても、近寄って見ても常に、私を魅惑的な目で追っかけ見つめている。そういう感じがして、身震いするほど感動した。その後何百点もプリント画を見ているうちに、見慣れて感動はなくなっていた。が、今、目の前に本物の名画がある。それを肉眼で見、レンズを通じて映し見た。

最初に見た時以上の感動が、心の底から湧いてきた。

ヨーロッパ旅行から帰って、スイスのチューリヒの街で買った額縁をヒントに思いついた、フレーム組み込み方式を試作してみた。何回か試しているうちにうまくいった。試作品を作ってK特許事務所に見てもらった。この考案はまだどこも出ていないことが分かった。実用新案の特許申請をすぐにしてもらった。考案は額縁用マットに内側から面金フレームをはめ込む際に、部品を使わずフレームの刃先をカットするだけで組み込みができる方式のものだった。

この方式で色紙額を製造した。わが社の大ヒット製品になった。三年後に実用新案の許可が出た。独占的な生産ができた。コンスタントに売れる息の長い商品になった。

綺麗な絵画・額縁店を持ちたいという夢は、四年後の一九七七年四月に画材・額縁店としてオープンし、実現した。その後店舗は数店に増え、チューリヒで見た夢のような店も開店することはできたが、経営の苦しみの始まりでもあった。

額縁・画材店雪山堂

昭和五十二年（一九七七年）四月、埼玉県蕨市に待望の額縁・画材の専門店を開業した。額縁メーカーとして独立してから九年が経っていた。その間、店を持つのが夢だった。

店は蕨駅近くの路面店舗だった。新装オープン店舗の一角を借りた。すぐ隣は大家の本屋さん、その隣が婦人物と紳士服の洋品店だった。三十メートルも離れていない近くに、百貨店があり、客足通りはよかった。

店の名前は「雪山堂」とした。自分の姓をとって店名を付けたとき、自分の店だという感が強く出て、夢の実現を無邪気に喜んだ。

その前の年、ヨーロッパ旅行の時、スイスのチューリヒの街で見た綺麗な額縁・絵画店と比較すると、面積は五分の一ぐらいの二十四坪の小さな店だった。が、店内に絵具ケースが陳列され、額縁が棚に並べられ、絵画が壁やショーウインドーに飾られると、スイスで見た店のイメージが湧いてきた。

オープンの日の前夜、店舗工事屋さん、看板屋さん、仕入先の絵具屋さん、額縁屋さん、絵画屋さん、会社の社員たち約二十名が、それぞれの役割分担の仕事をして、十時過ぎによようやく飾り付け作業を終えた。

終えたあとの新装店を、妻と二人で外の看板から店内の陳列、飾り付けされた品々を点検するように見て歩いた。喜びが心の底から湧いてきた。

その夜は、店の前にあった割烹料理店で、手伝い作業をしてくれた人達に感謝の気持ちを込めて食事をご馳走した。その時の挨拶の中で、スイスで見た店の夢の実現を、私は自慢げに話していた。話したあと、自慢げに話したことを気恥ずかしく思い後悔した。その思いが今も心の中に残っている。

雪山堂を開店するまでに、資金が約二千万円かかった。うち、店舗賃借するための保証金、敷金が一千万円、あとは店舗内装費、商品仕入代金、運転資金等である。資本金は二百五十万円、夫婦二人で半額ずつ持った。あとは会社（本社〔株〕アルナ）からの借入金。

会社で銀行から借りて、又貸しした。

店舗は、有限会社「雪山堂」とした。代表取締役には妻の雪山光恵がなり、私は会長になった。

開店の日の朝は、期待と不安で昂奮していたのか、いつもより早くに目が覚めた。いつもは朝寝坊の妻も時をおかずして起きてきた。私は二階の寝室のガラスドアを開けてベランダへ出た。東の空を見上げると、夜明け前の太陽の光で、空は赤く染まっていた。

「今日の天気はどうですか」

妻がパジャマ姿で声をかけてきた。

「いい天気だ。おおい、もうすぐ日が昇る。早くきて見て」

私は妻をベランダへ誘った。

ここ久しく、日の出に出会うことはなかった。肩を並べて、日の出を待ちながら、「今日はいい開店日和になりそうだな」と語り合った。森の彼方に顔を出した太陽は急激に青空へ昇り出た。久しぶりに眺めた黎明に私たちは感動した。

店前の両側には仕入先から贈られた花輪が飾られ、賑わいを見せていた。

四月一日午前十時オープン。開店時間前にはかなりの数のチラシを持ったお客さんが列をなしていた。チラシは、書籍店、紳士服店、婦人洋品店、額縁画材店が共同で何回も打合せをして百万枚制作し、三日前から地元周辺に新聞配達所を通して配布してあった。

チラシには先着〇〇名様には「記念品を差し上げます」と記した。店によって先着数は違った。行列は本屋さんがいちばん長かった。うちの店は少なくさびしい思いをした。

それでも記念品は昼前になくなった。初日の売り上げは予想以上に伸びた。三日ぐらいまではよかったが、四日目ぐらいから客足はとだえ始めた。日を追うごとに売り上げは落ちていった。

開店の日の朝、太陽の輝きを見たが、夢はもろくも崩れ始めた。一ヵ月がすぎた。売り上げは目標の五十パーセントにも満たなかった。妻と二人、愕然となった。

商品構成は、画材（絵具、キャンバス、木枠等）四十パーセント、額縁（油絵額、色紙額、デッサン額、写真額等）三十パーセント、絵画二十パーセント、時計その他十パーセントの割合だった。このような比率に決めるまでに、妻と二人で都内の専門店を何軒も見て歩いた。紹介された店の店主や店員に、専門的なアドバイスを受けたりして構成比率を決めた。

慎重に吟味して売れ筋商品を決めたつもりでいたが、素人の浅はかさを痛感させられた。絵画と時計などは二、三ヵ月経っても一個も売れなかった。

妻の光恵は雪山堂の社長であったが、本社（株アルナ）の専務でもあり、経理担当をしていたので、ますます忙しくなった。朝は八時前に会社へ出勤し、担当の経理や関連の仕事を済ませて、九時半には店へ出かけた。十時のオープンから、午前中は店で働いた。午後は会社へ戻り、五時半まで勤めて、また店へ帰って八時の閉店まで働いていた。会社が休みの日曜、祭日も、店は開いている。光恵の仕事は年中無休になってしまった。

光恵は六時ごろ店へ行き、店番の店員と交代して閉店まで店番するのが日課になった。レジを締めて、その日の売り上げ現金をバッグに納め、表のシャッターを下ろし鍵を閉めて帰る毎日だった。

帰宅時間は私より光恵のほうが遅くなった。私は会社〔工場〕からたいがい七時半ごろ帰り、風呂に入って、おばあちゃん（妻の母）が仕度した食膳を、テレビを見、晩酌しながら食事を摂るのが習慣になっていた。

あとから帰宅した光恵に向かって、

「今日の売り上げはいくらだったー」

が、いつしかあいさつ代わりの言葉になっていた。オープンしてから一週間ぐらいは元気な声でニコニコしながら売り上げ数字を話してくれたが、その後はだんだん声に張りがなくなってきた。顔色も変わってきて、態度も冷たくなった。

ある日の晩、光恵は玄関のドアをけたたましく開けて入ってくるなり、バックを居間のテーブルの上に投げすて、

「今日はゼロだったわよ」

と言ってソファーに泣き崩れた。

「売り上げが上がらない日に、店でお客様を待つ時の辛さをあなたは分からないでしょう」

と、激しい声で私にくってかかってきた。

私は返す言葉もなく、光恵の愚痴（本音）を黙って聞いた。

売り上げが日々下がっていく。不安がつのる。売り上げゼロの日がこないか。それは店がダメになる前兆の日だ。その日が来るのが怖い。どうにか手を打たなければと気は焦る。手の打ち方を知らず手は打てず、不安ばかりが溜まっているうちに、とうとうその日がきた。

光恵の不安は不満となって、怒涛のように私に流れ込んできた。

光恵は晩酌をしている私の酒を奪いとって、グイグイと可愛げもなく飲み干した。それでは足りず、台所で一升ビンからコップに酒をいっぱい注いできて、私の目の前で目をつぶって飲んだ。それから胸のうちの苦しみを吐き捨てるように喋りだした。

その夜は今までにない夫婦喧嘩になった。

売り上げ対策をいろいろと模索した。その道の本をむさぼるように読んだ。専門家の話も聞いた。何かすぐ行動を起こさなければと焦る気持ちだけがつのる。不安を消すために、捨て看板を店の周辺、蕨市と川口市の半分の地域に出すことにした。チラシは共同と単独でも出したが、効き目はなかった。新聞折込チラシは各家庭へ何十万枚と配られたが、真のお客様の目に留まることなく、その日のうちにゴミ箱へ直行しているようだった。

しかし捨て看板は違った。白布地に赤、黒二色で「画材・額縁専門店・雪山堂」と、電話番号、略地図を印刷染めした縦長の立て看板を、街角の電信柱に業者がハリガネで括りつけた。看板は電信柱三本から五本に一本の割合で取り付けられた。目立った。自家用車で点検をかねて、街中を見て回った。派手な看板は目についた。気恥ずかしい思いもしたが、これは宣伝効果が出るのではないかと期待が持てた。しかし、果たしてお客が立ち寄ってくれるだろうかと不安もあった。

一週間すぎたころから、お客さんからぼちぼち電話が入るようになった。店員の顔に明るさが出てきた。日が経つにつれて電話の数が増えてきた。来店者も増えた。一ヵ月がすぎた。売り上げを比較してみたら、三割は伸びていた。立て看板の効果が出てきた。光恵の顔にも暗さが取れて、笑みが浮かんできた。

捨て看板は三ヵ月すぎると他の看板と取り替えられた。すぎてもまだ立っている所もあったが、六ヵ月すぎると街角からきれいに消えてなくなった。

店が地域社会から認知されるまで、街角の看板は必要だと痛感し、鉄板の看板を業者に作製させて、街角のブロック塀に家主の許可を得て取り付けた。この看板は何年もかかっていた。中にはブロック塀が取り壊されるまで残っているものもあった。

昭和五十三年（一九五三年）三月末、第一期の決算書がT会計からきた。

売り上げは約千五百万円に上がっていた。店開業当初の採算性から見た目標売り上げには遠く及ばなかったが、売り上げゼロ日が出て、光恵が絶望のどん底に陥っていた時期と比較するとかなりの伸びを示していた。

第一期の経常利益は赤字が出た。二期目は売り上げが三十パーセント増えて黒字になった。三期目は売り上げが更に三割増えて、一期目に出した赤字額以上の黒字が出た。しかし喜びは三期までだった。売り上げの伸びは微少で、利益は減少していった。

路面店舗で独自に専門客を呼ぶのには無理があると思った。

昭和五十七年（一九八二年）、浦和駅前に大型の百貨店、Kが開店した。大手の百貨店も同居だった。そこへ新規参入し、Kへ二店舗目の店を開いた。

一号店の蕨店は六年目に閉じた。

ある倒産との遭遇

会社を創業して六年目に、初めて不渡り手形に遭遇した。

昭和四十七年（一九七二年）十二月二十六日に受け取ってきた手形（金額三七四万六千円）が翌年の二月、振出し会社のK社が倒産して不渡りになった。同社には売掛残が一四六万七千円あり、合計五二一万三千円が回収不能になった。

当時の月売り上げ高が約千百万だった。その五十パーセントが不良債券になり、資金繰り的に大きな痛手を被った。

会社を創めて六年間、「俺は相手を見る目がある」と不良手形に遭わなかったことを自慢にしていた。企業家なら、子供の麻疹のようにいつかは必ず遭うことも知らずに。

K社のT専務が部下を連れて、当社を訪ねてきたのは、八月の末暑いさかりの日だった。二人は手に持っていた背広の上着をはおり、額に汗をかきながら事務所へ入ってきた。私は前もって電話連絡を受けていたので、事務所で待っていた。そのころ事務所には冷房はなかった。窓を開けて扇風機をつけていた。彼らが車を降りた時から、窓辺から彼らの姿を見ていた。

名刺交換が終わると、T専務は来意説明を長々とした。流暢に歯切れのいい話をする男だと思った。喋りすぎる男は「警戒だ」と予てから注意を払っていたが、彼の場合、警戒までは抱かなかった。

専務の来意はアルミフレームを買いたいとのことだった。フレームで世界の名画、「モナ・リザ」「裸のマハ」「泉・アングル」など二十点の名画を、特大サイズ（三尺×六尺）に額装して全国販売する計画だった。

「近い未来に、成田新国際空港が開港する。そのときにターミナルの壁に世界の名画を陳列して飾る……」

T専務は得々と、以下のようなことを話した。『特大サイズの絵画制作は日本では当社しかできない。製造特許を申請中。成田新空港は特大サイズを要望している。開港時には大量の注文が見込まれる』と。

彼の話を夢物語のように、私は聞いていた。うちの額が国際ターミナルの壁に飾られる。と思うと夢が湧いてきた。希望が出てきた。

彼は黒い手提げカバンから、概略のアルミ型図面を取り出してテーブルに置き、

「この太さのアルミ型できますか」

と、たずねた。

私は図面を見て、今まで制作したことのない厚みと大きさの型だったが、

「挑戦してみます」

と答えた。

翌日、私はお客さんからもらった図面を持って、御殿場へ出かけた。そこにわが社のメイン取引先メーカーにあたるアルミサッシ型押しメーカーR金属があるからだ。営業担当のM常務に事情を説明し、型図設計者、技術者を一堂に呼んでもらい、その場で依頼の型図は制作可能か不可能かを検討してもらった。可能だとの答えが出た。このような場合、郵送でやり取りしていたら二週間はかかっただろう。それが一日で済んだのだからやはり御殿場まで来てよかったと思った。

その場で直ぐ、T専務に電話をいれ、注文どおりにできると告げた。彼は見積りと納期を教えてほしいと言った。

十日ほどかけて、厳密な工程数まで出して見積りを出した。納期は初出荷まで三ヵ月かかる予定になった。

注文が決まった。支払条件を聞いた。

「現金払いです」

と言われた。私はそれを鵜呑みにして、契約書は交わさなかった。注文書だけ受け取って、仕事をスタートさせた。

R金属へ正式発注を出した。フレームの肌仕上げは、従来の金、銀色でなく、漆塗り仕上げを要求してきた。漆塗りアルマイトができる工場は成田市にあった。そこまで出かけて行き、漆アルマイトの勉強をした。そして発注した。世界名画の大型フレーム額装するためには新たな設備投資も必要になった。その作業もし終えて、新型フレームの到着を待った。

十月初めに、先に記した三点の名画のほかにゴッホの「アルルのはね橋」、ルノアールの「イレーヌ・カーン・ダンヴェルス嬢の肖像」計五点のパネル画が各二枚ずつ、K社からサンプルとして送られてきた。

十月中旬にはすべての材料が揃った。数名の従業員と加工、組み立て作業に取りかかった。下旬には仕上がった。自分たちの背丈より大きい（高さ約二メートル）作品（製品）を見上げて、「よくやった」と達成感にひたった。

十月末までに納品した製品の請求額は五十万円余だった。初回の請求額は十一月二十日に現金で支払ってくれた。二回目の十二月二十日支払から待ったがかかった。二日待ってくれ。三日待ってくれと延ばされた。私は焦った。年末である。三百七十万円余はわが社にとっては大金である。この金がないと年が越せない、と社長に迫まって手形を切ってもらった。暮れの押し迫った二十六日の日に。それを信用金庫で割引きして、資金繰りが付き、どうにかその年は越せた。

翌年の昭和四十八年二月のある日、K社の倒産のニュースが得意先から流れてきた。知らせを聞いた瞬間、頭が真っ白になった。初めての体験である。倒産後の不渡になった手形はどう展開していくのか、津波のように一気にわが社へ押し寄せてくるのではないか、不安に慄いた。

倒産に遭った時の対応の仕方を、先輩企業に尋ねた。無知だった私がこれからどうすべきか、怒鳴るように教えてくれた。

「何をモタモタしているんだ。腕っ節のいい若者を連れて、トラックで相手の会社へ乗り込み何でもいいからある品物をかっぱらってくるんだ」

T専務と私は乗用車で、頑丈な工員三人はトラックで仕事を終えた六時ごろ出かけた。

その日は昼すぎから小雪が降り出し、夕方には積もり出した。寒気が深深と身にしみた。

そんな中でタイヤにチェーンを巻いた。

Ｋ社工場のある成田市へ向った。国道、県道を走っている時は、のろのろながらも前へ進んでいたが、市道に入ったとたん車は動けなくなった。積雪で道は閉ざされていた。ところどころには道端に放置された車もあった。雪道を切り開くようにしながら、ゆっくりゆっくり、地図と番地をたよりに探して行った。

本社工場にたどり着いた時は十二時をすぎていた。真っ暗闇の中、誰もいなかった。事務所のドアは開けっ放しだった。ライトをつけて見ると、壊れた机と椅子だけが散乱していた。あとは持ち去られてがらんどうだった。

何か見つからないかと、工場と倉庫も探した。体を成している品物は何もなかった。荒され果てた戦場の跡のようだった。

私たちはうなだれ疲れ果てて帰途に就いた。

三月の十日ごろに債権者会議があった。

私は会議通知を受けた時、とまどった。怖い所へ行くような気がして、気がひけた。が、弱気では生きていけない。経営者の宿命だ。勇気を奮い起こして、覚悟を決めて出かけた。

倉庫の片隈が片付けられて、債権者会場になっていた。そこに貸しテーブルが二台横並びに置かれていた。その前に折り畳み椅子が五、六十脚並べられていた。

私は会場に十二時半ごろ着いた。席はまだ半数以上空いていた。私は真ん中辺りの右の隅の席に座った。

テーブルの中央には、社長と専務が首をうなだれて座っていた。両サイドには弁護士らしき人と、会社関係らしき四人が援護者のように座っていた。

席はほぼ満席になった。一時になった。司会者が立ち上がった。テーブルの席の全員も立ち礼をした。社長と専務は深々と頭を下げたまましばし動かなかった。

代理人が倒産までに至った経過報告を始めた。私は今、経過報告の内容的のことは記憶にないが、その後に起きた事件（？）的なことは鮮明に覚えている。

報告が終わると、質疑応答が始まった。ヤミ金融らしき人が立ち上がり爆弾発言をした。

「この中に大泥棒がいる。弱みに付け込んで、倉庫の品物から、事務所の棚や椅子までも、根こそぎ持っていった会社がある。その会社の名前も知っている」

と言って、イニシャルで数社の名を読み上げた。イニシャル名で読まれた債権者の一人がすかさず立ち上がり、

「今の発言取り消せ、たしかな証拠を持っての発言か、名誉毀損で訴えるぞ」

と激しい調子で抗議した。他の社のイニシャルで呼ばれた債権者たちも、発言者の前に詰めより抗議した。

それからが大変な騒ぎになった。債権者同士の暴言が飛び交い喧嘩が始まった。みんな昂奮し殺気立っていた。殴り合いの喧嘩をするものまで出てきた。灰皿が飛び、額から血を流すものも出た。誰かが近寄り、抱きかかえてハンカチやちり紙で血を拭いていた。

そこでいったん騒ぎは収まった。

債権者の目はまた一斉に、中央の経営者に向けられた。

「この騒ぎのすべての責任は経営者にある。前へ出て土下座して謝れー」

誰かが大声で叫んだ。

「そうだ、そうだあ」

何十人かが同調する声をあげて、威嚇した。

社長と専務はテーブル前に引き摺り出された。強引に頭を下げさせられた。

引き摺り出したのは先ほど喧嘩した人たちだった。彼らは社長と専務の髪の毛をつかみ、下げている頭を地面になんども叩きつけた。二人はなんの抵抗もできず、なすがままに翻弄されていた。

なかには気が収まらないと、拳骨で顔を殴るものさえ出た。

私は生き地獄を見ているようで、身が震えた。この地獄絵図は自分の脳裏に焼きついて、いつまでも離れない。

K社から受けた被害額は手形、売掛残、受注残、仕掛かり材料費含めて約八百万あった。

この資金調達ができなければ、わが身にも倒産が降りかかってくる。あの地獄がわが身にも襲来する、と迷想に悩む恐怖の日々が何ヵ月か続いた。

社長と専務は夜逃げして、行方不明になった。

東京都（上野）美術館

初めて遭遇した倒産劇で、貴重な勉強をさせられた。手形期日のもつ恐ろしさを知った。それまで安易な気持ちで手形を発行していたが、支払予測の立たない手形は絶対に発行すべきではないという教訓を得た。

現代の世で、いちばん悲惨な状態は中小企業の倒産だと痛感した。あの惨めな状況は他にないだろうと。倒産劇との出会いは私にいろんな示唆を与えてくれた。

K信用金庫が窮境を救ってくれた。

資金のメドが立つと、私は元気が出てきた。積極的に営業をはじめた。K社用として作ったアルミ型を、「AK型」と品名を変えて仮縁（展示会用として、油絵に縁取る額縁）として売り出した。アルマイトは金、銀色にして。形は富士山に似ていたので、金銀色がよく映えた。仮縁としては最適だった。

この仮縁を、T美術その他数社に売り込んだ。当初は、太すぎる、と敬遠ぎみだったが、T美術を新規開拓して委託販売で売り出したら、徐々に売れるようになった。

この「AK型」は仮縁としては高級品部類に入っていた。アルミ製の仮縁はまだ珍しい時代だった。それまでは木製仮縁が主流に使用されていた。

T美術は、画材額縁の卸売り問屋だった。小売店も何店舗か持っていた。そのひとつに、上野の森美術館の近くに小売店があった。その店の店員の主な仕事は、東京都美術館へ公募出展する作家たちの油絵を仮縁に取り付けて、搬入搬出する仕事だった。

出来上がった製品を最初に納品したのはこの店だった。店員たちは私が来るのを待っていた。店舗の横の狭い路地裏に、百号の風景画が立てかけてあった。

「アルミフレーム縁を取り付けるのは初めてだから、部品取り付けから教えてくれ」

と年配の店員が命令調でいった。

私は百号のフレームを梱包箱から解いた。コーナー金具部品を取り出して、縦横フレームを繋ぎ合わせ組み立てた。店員たちといっしょに百号キャンバス（一六二一×一三〇三ミリ）の風景画をフレームに取り付けた。実際に実物の絵を取り付けるのは初めての経験だった。ぶよぶよしていた感じのキャンバスの絵がフレームに収まると、いちだんと冴えた感じになった。「馬子にも衣装」とはこのことかと思った。仮縁の持つ威力のようなものを感じて嬉しくなった。

この絵が都（上野）美術館に出展されると聞いた。ぜひ見に行こうと思った。昭和五十一年三月、上野公園・東京都美術館へ初めて見学に行った。

この美術館は大正十五年（一九二六年）東京府美術館として創設され、昭和五十年（一九七五年）新館が完成されたと美術館の案内に載っている。「蒼樹会」第一回記念公募展を開催したのが、昭和五十一年三月と蒼樹会概史に記されている。

上野駅で下車し、公園口から西洋美術館前を通って、案内図をたよりに美術館へ着いた。赤レンガの階段を下りたところに玄関入口があった。入口はふつう階段を上ったところか、平面にあるものだと思っていたのに、ここは普通とは違うなと腑に落ちない気がした。入口は地下一階にあった。

高い建物の壁は一面赤レンガだった。光沢でまぶしく映った。押しドアを開け、中に入った。案内所で東洋美術社長からもらった、蒼樹展の入場券を見せて、

「ここの会場はどこですか」

と尋ねた。案内嬢は笑顔で指さして教えてくれた。会場は切符売場のすぐそばにあった。会場に入ると、壁面いっぱいに展示された、色彩あざやかな風景画、静物画、人物画などが目に飛び込んできた。どの絵も大作で傑作に見えた。しばし圧倒された。風景画には山、川、海の場面があり、山には冬の雪景色、秋の紅葉、アルプス、富士山など一つとして似たような風景画はなかった。作家各々が独自の特色を出していた。

私には絵を鑑賞する目はなかった。絵の良し悪しは皆目分からなかったが、好き嫌いで見ていた。雪景色の絵の前で足を止めて見入った。雪山への憧れがあったのか。また裸婦の絵の前でも目を引きつけられた。

展示室の一室に、二点から数点の入賞作品があった。文部大臣奨励賞、東京都知事賞、議長賞、教育委員会賞、蒼樹会金賞、銀賞、銅賞、その他の賞がいくつかあった。

金色紙に各々の賞が毛筆で書かれて、入賞作品の横に貼られてあった。金色紙が見えると近づいて、何賞かと確かめた。価値ある（例えば大臣賞）賞だと作品が良く見えた。中には、どうしてこれが金賞で、あれが銅賞なのかと疑問に感じた作品もあった。

作品を見てまわっているうちに、自社フレーム作品と出会った。T額縁店で自らが組み立てた作品だった。狭い店先で見るのと、豪華な展示会場で見るのとでは雲泥の差があった。私はしみじみと眺めた。その作品には何の賞もついてなかったが、私にはどの受賞作品よりも輝いて見えた。同時に日本一の晴れ舞台で飾られたわが子のようなフレームを見上げて、一人感動し、胸にジーンとくるものがあった。

「わが子」のフレームを探し求めて、広い会場を歩きまわった。すでに大、小仮縁フレームを三型で千本以上は全国的に出荷していた。その中のわが子と何人（本）に出会えるかと期待をもって歩きまわったが、期待は裏切られた。十本の指にも満たなかった。

しかし新しい目標ができて、ファイトが湧いてきた。

「近い将来、わが社のフレームでこの会場をいっぱいにしよう」と。

翌日の朝礼で社員の前に立ち、

「昨日は上野美術館を初めて見学して、感動して帰ってきた。大展示会場で自分たちが作った額縁が、百号の油絵を抱くようにして組み立てられ、飾られてあるのを見た瞬間、心が震えた。わが子のフレームが立派に見えた。しかし数が少ないのを淋しく思った。大きな会場を、わがフレームを探して歩きまわりながら、大きな希望が湧いてきた。将来はこの会場いっぱいわがフレームで埋めつくそうという夢を抱いた。みんなでやればできないことはない」と私は情熱をこめて抱負を語った。秋の展示会までには新型を増やし、当面の目標は倍増しようと。そして秋、または来春の展示会はみんなで見学に行こう、と話した。

それから私は美術館や絵画、書道展の展示会場まわりをした。フレームのデザイン形を求めて。世界堂や大手の額縁・画材店をまわって仮額サンプルを買い求めてきた。それらを参考にマンガ的デザインを描いた。

描いた図面と、サンプルの断面を持って、仮額を販売している日本HとT美術の社長を訪ねた。両社長に上野美術館で抱いた抱負を話した。そして貴社向けに新型を一型起こすから、どのような型図面がいいか選択して貰いたい、と頼んだ。

数日して、各社からそれぞれのデザインがあがってきた。それを持って、御殿場にあったR金属へ行き、アルミ型図面を起こしてもらった。まだファックスのない時代だったので、その図の承認を得るのに二週間ほどかかった。

新デザイン、アルミ製額縁は二ヵ月ほどの納期で仕上がってきた。仕事を創めた頃は六ヵ月もかかった。その時と比較して、会社に実績と信用がついた表れだと喜んだものだった。

日本Hは、毎月発行している社内報で、新商品紹介として一面に大きく採り上げた。それを全国の得意先にPRしてくれた。T美術もハガキにカラー印刷して、自社得意先と全国の絵画・書道出展グループへ発送した。

宣伝が功を成したのか、新商品は売れ出した。毎日のように注文が入るようになった。最初は一、二本だったが、日を追うごとに数が増えていった。

その年の秋の展示会には、商品の普及は時間的に間に合わなかった。が、翌年の春の展示会までには相当数出荷できた。

その年の会社の業績は、売り上げ高は百五十パーセントも伸びた。昨年は赤字だったが今年は予想以上の黒字が出た。私も社員も気分的にも元気になった。そして明るくなった。

この元気のもとは新製品の売り上げの好調さだった。

昭和五十二年（一九七七年）三月、月末の日曜日に、社員全員（パートを含めて三十名）を連れて上野公園、東京都美術館へ見学に行った。

社員は女性のほうが多かった。ふだん仕事場で作業服姿の彼女たちは、その日は着飾り、化粧をして現われた。すっかり見違えた。こんなに綺麗だったのかと見直した女性も何人かいた。男性も背広にネクタイで現われた。

社員のほとんどは美術館見学の経験がなかった。入場前、皆緊張していた。入場券を受け取る手が震えている者もいた。

一号館に三十名がぞろぞろ入っていくと、静寂だった室内がざわめき出した。静かに観ていた先客数人は〔うるさいなあ〕という目つきで睨みつけ、その場を去っていった。一室は社員だけになった。一人が口火を切ると雪崩れるようにお喋りが始まった。騒然となった。

私は思わず大声を出して、

「静かに鑑賞しなさい」

と叫ぶように言った。

社員は鑑賞眼をもち合わせているものは少なかった。絵画だけ見るのは退屈である。目的は自作のフレームを見にきたのだ。そのフレームにまだ出会ってない。それで騒いでいたのだ。

先に進んでいた社員が、

「あった、あった」

と甲高い声を出してみんなに知らせた。みんなは駆け寄っていった。

自社フレームの前でみんなは感動した。

倒産寸前

昭和五十六年（一九八一年）から七年にかけて倒産寸前に追い込まれた。

昭和五十年前後、オイルショックが日本を襲った。好景気が急に悪化してきた。うちの業界は好景気、不景気の波は一般業界より二、三年遅れてやってくる。その時もそうだった。

わが社も昭和五十三年までは、前年対比売り上げも伸びつづけて利益も出ていた。しかし五十四年から売り上げが鈍り始めた。その年は売り上げが五パーセントほど減って赤字になった。

額縁業界関連にも倒産の嵐が吹き始めた。不渡り手形が増えてきた。売り上げ減少に不渡り手形、材料原価の値上がり、二重、三重苦に喘いだ。

赤字が毎年続いた。五十六年、売り上げが更に二十パーセント近く減って、大赤字になった。資金繰りに喘いだ。大ピンチに陥った。

創業してから十二年目、昭和五十三年度の売り上げが実質減少した。昭和五十年度も約三十パーセント減ったが、その時は共同経営者だったT専務が期途中に独立したためだ。私は人と争うことは好まない。T専務とは話し合って円満退社となるようにし、独立後も困らないように得意先を彼に渡した。売り上げは翌年すぐに回復した。その後も売り上げは伸びつづけ、従業員も増え、利益も上がっていた。

昭和五十四年（一九七九年）度から、売り上げは減り、人件費、経費は増え、実質赤字になったが、決算書は在庫などを水増しして借入をするための黒字決算書を作った。

銀行は会社が利益を出しているうちは、要望どおり必要資金は貸してくれた。が、五十七年三月期は大幅な赤字が出た。ごまかしようがなく、在りのままの数字を決算書に出し税務申告をした。

赤字決算書を見た銀行は急に態度が変わった。こんな時こそ金は必要だった。借りに行くとにべもなく断られた。多少でも利益が出ていた時は、自宅の土地家屋の担保だけで預金高の三倍以上の貸し出しはしてくれていたのに、今回はいくら頼んでもダメだった。銀行は「雨が降れば傘を取り上げ、晴れた日に傘を貸す」所だとよく聞かされていたが、まさにその言葉の意味するものを痛感した。

銀行からは、親、兄弟等身近な人で担保提供者を探してくるようにと言われた。または有力な会社に保証人を頼めないかとも言われた。

私は無理だとは知りながら、銀行への申し訳をするために親戚の家を訪ねた。S宅ではこっぴどく叱られた。「ふだんは近寄りもしないくせに、困った時だけ来る。担保提供だなんてとんでもないことだ。出て行け。二度とわが家に来るな」すごい剣幕で追い返された。帰りの道すがら、無念さに涙がこぼれた。

海中で藁をもつかむ思いで、心当たりの家をまわった。結果はみな同じだった。

ある家で（資産家ではあるが、事業家ではない）「他人の土地を当てにしないと金が借りられなければ、いっそのこと会社を潰してしまえば」とそこの奥さんから言われた。

奥さんがいとも簡単に吐いた「会社を潰す」という言葉に戦慄を覚えた。当時の私は「倒産、潰す、潰される」という言葉をタブー視していた。見たり、聞いたりしただけで身震いした。

当時会社には従業員がパートを含め六十人ほどいた。会社にもしものことがあったら、六十人の家族含め約二、三百人が路頭に迷うと思うと、気が奮い立った。「絶対に潰してなるものか」と。

取引先の所へ、保証人を頼みにも出かけた。材料を多く仕入れているところだった。三軒まわったがどこからも断られた。そのことでわが社に対する信用も低下してしまい、まもなく「アルナ工芸が危ない」という噂が流れた。たちまち業界に広がっていった。噂を聞きつけて確認しにきた業者も現れた。「噂で潰される」ともよく聞いていた。「噂どおりになるかもしれない」と思うと恐怖におののいた。寝つかれない夜が続いた。床に入っても、資金繰りが頭から離れない。糸口が見いだせなくて悶々し、悪夢にもうなされた。会社が倒産し、債権者会議で頭は朦朧として、恐怖におののきながら頭を地面にこすりつけて、ただただ詫びている夢を見た。夢はつづき、やくざに狭い部屋に監禁されて短刀を突きつけられ、呻き声をあげたところで目が覚めた。冷や汗をびっしょりかく。そして「夢であってよかったぁ」と胸をなでおろすという朝が続いた。そんな私の様子を見て妻も心配してくれたが、今はこんなに辛いけれどきっと乗り越えられる、乗り越えなければいけないという気持ちで支えてくれた。

ちょうどこの頃次男が生まれた。次男の世話は義父母に頼んで、妻も私と一緒に資金繰りに走り回ってくれた。

保証人も担保提供者も得られないまま、時間だけがすぎていった。手形期日は迫ってくるが、金は借りられない。思案に暮れた。以前、融通手形（実際の商取引に基づかず、単に資金の融通）を頼まれて対応したことを思い出した。

得意先の東京のH社に融通手形を申し込んだ。以前のお返しだと言って受けてくれた。「助かった」と思った。これで今月は生き延びられたと。

資金繰りに苦しむ時の日時が過ぎるのは速い。特に手形期日が迫ってくるのは。

次の期日がまた来た。借り入れのメドはない。窮地に瀕した。生き延びたい。悪知恵がまた湧いてきた。手形のジャンプ（期日を延期）をお願いしよう。

ある日、支払い額がいちばん多い手形を持っている、アルミ型材料を仕入れているR社を訪ねた。

資金繰りが苦しくなった事情説明をしたあと、

「月末期日の手形を三ヵ月間延期していただけませんか」

と頼み込むと、M社長の顔色が変わった。社長は椅子に深く腰をもたれ、腕を組み考え込んでしまった。暫くたって、

「うわさは聞いていたが、まさかここまで落ち込んでいるとは思っていなかった。ううん、困った。うちも資金的に余裕があるわけがない。もらった手形は割り引いている。それを買い戻さねばならない。急なことでその資金繰りが大変なんだ。だから困っているんだ」

私は、R社は財閥系の子会社だし、資金的な余裕は充分にあると見ていた。確かにそれはあった。が、独立採算制会社だ。資金の余裕はないようだった。

「もし、ジャンプをノーといったらどうなるんだ」

私は返事に詰まった。潰れるかもしれないとは言えなかった。黙って相手の顔を見つめた。血の気が引くのを感じた。社長は私の顔色を見て何かを感じたようだ。

「今回だけはジャンプしてあげましょう。次回は絶対ダメだぞ」

私は救われたと思った。私がお客さんであり、いつもは丁寧な対応振りだった社長の態度は、慇懃無礼になっていたが気にならなかった。屈辱感もなかった。ただ感謝していた。

また支払いの多い末日がきた。今度は手形決済資金と給料資金まで不足してきた。融通手形やジャンプの小手先では間に合わない。纏まった資金が必要になった。

借り入れできる所は、無担保、無保証で貸してくれる街金融しかなかった。「ヤミ金融には絶対手を出すな。地獄行きだぞ」と常日ごろから聞かされていたので、そこだけは手を出すまいと覚悟していたのに、無念な思いで街金融の門をたたいた。

いつもは見向きもしない街金融メールに目が留まった。四、五通のメールを開けていたところM物産という金融業者からのメールを見つけた。そこの社員が二、三回わが社にセールスに来たことを思い出した。M氏の名刺があった。彼にすぐ電話を入れた。翌日の午前、早めに来てくれた。借り入れを申し込んだ。金額はいくらで、期日はどれぐらいかと聞かれた。

「一千万円、期間は今銀行に借り入れ申し込みをしているが、手続きに手間取っているのでひと月もあれば……」

借り入れするまでのつなぎ資金でないと、貸してもらえないのではないかと思って、私はとっさに嘘をついた。

彼は社に持ち帰り、上司と相談して明日返事すると言った。検討するのに三期分の決算書が必要だ、といってコピーを持ち帰った。

二日後にＯＫの返事がきた。三日目に経理部長だったＭといっしょに、本社が上野にあったＭ物産（金融業者）へ出かけた。Ｍ社は上野駅から五分ぐらい歩いた十階建てのビルの五階にあった。受付には二十歳ぐらいの受付嬢が座っていた。奥の応接間に案内された。応接間にはＭ氏とその上司が座っていた。名刺交換の時上司と目が合い、彼の鋭い目つきが怖いと思った。

テーブルには貸付書類が数通積み重なっていた。その書類に会社の社判と実印を押していった。文面の内容の確認もしないままに。最後に個人保証の署名捺印をした。署名する手が震えていた。

契約書に署名捺印が終わると、テーブルの上に一千万円の現金が積み上げられた。現金を持ってきた社員が目の前で、百万円束を数えた。確認の意味でうち側（アルナ）にも再度数えるように言われた。経理部長が数えた。彼はもとＦ銀行に勤めていたので手さばきは慣れたものだった。数えたあと彼は現金をカバンに入れた。

ヤミ金融から借り入れをした日を境に、資金繰り地獄がはじまった。毎日が資金繰りに追われた。頭は二十四時間中、寝ても覚めても資金繰りのことでパニック状態になった。

いったん融通手形に手を染めると、一、二度では抜けられなくなった。相手も増え、回数も増えていった。街金融からの借り入れも同じだった。

仕事が手に付かなくなった。仕事は社員に任すしかなかった。社長の留守の社内はしだいに士気が低下していった。もはや悪循環の繰り返しだ。

寝つけない夜がつづいた。酒を飲み、酒の酔いで十一時ごろ寝つくのだが、夜中の二時ごろトイレで目が覚めると、眠れなくなった。地獄の始まりだ。悶々と朝方までつかみどころのない恐怖感が全身を襲ってきた。恐怖感は恐怖鬼となって私を追っかけてきた。身を屈め背中をまるめて、得体のしれない恐怖から逃れようとしていた。

そんな日が何日か続いたある朝、トイレで、尿意はもよおしているがなかなか出てこない。何回もふんばっていると、苦痛とともに赤い小便が出てきた。

天風会

このような苦境に喘いでいたある日、島（故郷）の先輩のU氏に、東京・文京区の護国寺にあった天風会館へ連れて行かれた。氏は私の苦境を知り尽くしていた。氏は最近の私の蒼白い顔をみて、深く気にかけていたようだった。

「S先生の講演を聞くと元気が出るよ」

と言って講演会へ誘った。会場へ行く道すがら、T.N.（哲学者・思想家・指導者・明治九年～昭和四十三年）先生と天風会会長のH．S．先生の師弟関係について簡単に話した。私は初めて知る人物だった。

天風会館は護国寺入口門のすぐわきにあった。駐車場に車を止めて、会場へ向かうと、大勢の方がぞろぞろ歩いていた。U氏はその中のほとんどの人と顔見知りらしく、何回も頭を下げてあいさつを交わしていた。会場に入るとほぼ満席だった。私は氏の後ろからくっついて歩み、会場の後席あたりに座った。時間がきて講演が始まった。

司会者が出て、前座講演者の紹介があった。前座は事業体験報告だった。が、今その時のテーマも講話者の名前も覚えていないが、苦難体験の中で「資金繰りに追われて血の小便まで出た」といった言葉は印象深く残っている。前座の講演に感動して、次の講演を期待して待った。

S先生が颯爽と壇上へ上がってきた。黒メガネに凛々しい顔をしていた。薄い髪は長くのばしオールバックにしていた。第一声を聞いた時、普通人の声ではないと感じた。言葉の流れは流暢で名調子の講談を聞いているようだった。

約一時間半、T先生が自分の生涯を語った。幾多の苦難があり死に直面した場面の時には私は感涙していた。講演が終わった時、感動で身が震えていた。

感動は私に勇気を与えた。資金繰りぐらいの苦労で死をも考えた自分を恥じた。

「死ぬ気でやれば何ごともできぬことはない」この言葉の真の意味が痛感できた。やる気が出てきた。

翌週の日曜日から、天風会の日曜修練会に通い始めた。そこは心身統一法を身につけるための修行の場だった。毎週欠かさずに通った。不安に怯えマイナス思考ばかりしていたのが、プラス思考に変わった。修練会で習った天風教義を家に持ち帰り実践した。

朝目が覚めたらすぐに起き上がり、ベットの横で天風体操のひとつ、養動法をした。正座して身体を上下、左右に動かしながら瞑想をする。約二十分。それから室内体操。唱句集の音読。唱句集の中から五、六句をその日の気分に応じて音読していた。その間約一時間、毎朝繰り返しているうちに、信念もついてきた。智慧も出てきた。

毎朝、意味を噛みしめながら音読していた句の一つをここに記す。

甦りの唱句
我は今、力と勇気と信念とをもって甦り、新しき元気をもって、正しい人間としての本領の発揮と、その本分の実践に向わんとするのである。

我はまた、我が日々の仕事に、溢るる熱誠をもって赴く。

我はまた、歓びと感謝に満たされて進み行かん。

一切の希望、一切の目的は、厳粛に正しいものをもって標準として定めよう。

そして、恒に明るく朗らかに統一道を実践し、ひたむきに、人の世のために役だつ自己を完成することに、努力しよう。

朝の集いと実践報告

昭和五十九年(一九八四年)四月九日朝の四時五十分ごろ、私は川口市上青木にあった「朝の集い」会場、M実践部へ初参加した。会場はW委員長の会社の三階にあった。靴をスリッパに履き替えてコトコト階段を上っていくと、聞きなれない足音で気づいたのか委員長が入り口で待っていた。

「おはようございます。ようこそ、お出でくださいました」

委員長は丁寧なことばで迎えてくれた。後ろに数人の女性の会員がいて一斉に明るい声であいさつし、笑顔で迎えてくれた。早朝にもかかわらず明るい笑顔ではつらつとしたこの応対振りは、一体なんだろうかと不思議だった。

五時になった。正座していた司会進行係が立ち上がりベルを鳴らした。ざわめきが静止した。進行係が響きのいい声で、

「四月九日月曜日、只今より朝の集いを始めます。朝のあいさつW委員長」

と言った。委員長は司会と並んで座っていた席から立ち上がり、前のテーブルに立った。

すかさず進行が、

「万人幸福の栞、目次をお開きください」

と言った。背の高い委員長は背をかがめて皆を見わたし、栞の目次を全員開いたかを確認すると、格調高い声で、

「万人幸福の栞、今日は」

と区切った。参加者（その日は十人ほど）の全員は声をそろえて、「最良の一日」と続けて唱和した。つづいて十七章ある章句集を前句は委員長が、後句は全員が唱和した。目次の十七章を唱和し終えると、一章ずつの輪読が始まった。その日は何章を輪読したか覚えていないが、輪読リーダーが文章の区切りのいいところで「ハイ」と、次の番という相づちを打つと、次の方が「ハイ」と受けて次節を読む。このリズムカルに運ぶ輪読風景を見て驚いた。栞を教本とした輪読が終わると、進行係がまた立ち上がり、

「実践報告をどうぞ」

と手をさしのべながら言った。

一番手が立ち上がるのに、ちょっと間があいたが、二番手からは「ハイ、ハイ」と競って立ち上がり実践報告をした。参加者の私以外の全員は報告を済ませた。

実践報告の内容は、昨日「日に一つよいこと」の倫理的実践をしてきた報告のようだった。

誰もが毎日りっぱな行いをしているなと感心して一人ひとりの話を聞いていた。

進行係は私を指さして、

「雪山さん、今日初めてですから自己紹介をどうぞ」

とやさしい声で言った。

私は遠慮がちに立ち上がり、テーブルの前に立った。両足がこきざみに震えていた。座蒲団に正座してにこやかに私を見あげる、他の参加者の笑顔が私を勇気づけた。その時何を話したか細かいことは記憶にないが、みなさんの笑顔だけは忘れないでいる。

すがすがしい気持ちで帰途に就いた。帰り道、不思議な世界もあるものだ、人がまだ寝ている時間帯に毎朝勉強会をしているのかと思った。

会場の両サイドに掲げてあった額縁の文句が気に入った。右側には「朝起きは繁栄の第一歩」。左側には「今日一日朗らかに安らかに喜んで進んで働きます」と書いてあった。この文句にも引かれた。明日から朝起きに挑戦してみようと決意した。

それから毎朝「朝の集い」へ通うようになった。毎朝聞く実践報告は、日に一つよいことの実践だけでなく、各自の苦難体験を語っていた。栞の二章に「苦難は幸福の門」という題目があり、その中に「苦難は、生活の不自然さ、心のゆがみの映った危険信号であり、ここに幸福に入る門がある」と苦難観を説き、苦難に立ち向かう姿勢と心構えを教えていると輪読しながら感じた。会員はご婦人とお婆ちゃんが多かった。それぞれに苦難を持っていた。家庭内で起こっている嫁、姑の問題、夫や子供のことなど、苦難の話題は尽きないようだった。それらの話を最初はざんげを聞いているようで、心苦しく感じ嫌な思いもしたが、壇上で話している方々の話を深く聞くと、話すことで教えられ、救われて心が穏やかになり、勇気づけられ、明るくなっていく姿を見出した。

私もいつしか自分の苦難を語っていた。特に倒産寸前になった経緯を話していた。

翌年の昭和六十年（一九八五年）一月二十七日にM実践部昇格式典があった。その式典で、仲間から推されて、実践報告をした。その時にまとめた原稿を一部抜粋する。


『現在の仕事を創めてから十九年目になりますが、今から約三年前に倒産寸前の大ピンチに追い込まれました。それもよく反省してみますと、自分の消極的で優柔不断な性格が原因であることに気が付きました。今から暫くの間、倫理を学んだことによって、お人よしで消極的な人間が、積極的人間に変身することで苦難をいかに切り抜けていったかについての身辺の一端を話させていただきます。

私は現在毎朝四時に起きて、近くの二キロほどある小学校までジョギングをして、小高い校庭で独自の積極体操をしています。そこで積極精神をうえつける唱句集を大声で輪読して、帰路につきます。家に帰り、室内で富士研（富士倫理研究所）で学んだ真向法の体操をしてから風呂場に入って、乾布摩擦をして、冷水を浴びます。着替えて四時四十五分ごろ朝の集いへ出かけます。朝の集いの明るい雰囲気の中で、会場の仲間と一緒に倫理を一時間勉強しています。集いから帰って、まず、先祖の仏壇に線香を上げ礼拝してから朝食をとり、会社出勤は七時です。これが私の朝の実践です。

私は今の仕事を昭和四十二年七月に、貿易商社に勤めていたのを辞めて、脱サラで始めました。四十年代はいわゆる高度成長時代で、誰が事業をやってもうまくいった時代ではなかったかと思います。うちの会社もオイルショックまでは順調に伸びて、倍倍ゲームのような成長ぶりでした。が、オイルショック後はいくら頑張っても赤字経営がつづきました。コスト高の製品安でどうにもならず、その上、不況になり得意先に倒産が増えました。不渡り手形と売り上げ減の二重のショックを受けました。決算してみますと大赤字です。赤字が四、五年続いて、昭和五十七年にはニッチもサッチもいかなくなり倒産寸前のピンチに追い込まれました。その間、人間が以前とはすっかり変わり、仕事に自信を失い、消極的な人間になっていました。

急場に追い込まれ、メイン銀行に救いを求めました。赤裸々にすべてを話し、判断を仰ぎました。そして銀行の指導に従いました。今まで第二工場を含めて約六十名いた従業員を半分の三十人にまで縮小しました。それまで持っていた土地を売り、貯金を下ろし、長期借り入れをして、企業縮小資金をつくり、どうにか急場を切り抜けることができました。

企業を伸ばすのはやさしいが、縮めるのは難しいとよく聞かされていましたが、体験して初めてその真理を知りました。寝つかれない夜が何日も続きました。血の小便も出ました。従業員を辞めさせる苦しみ、また金策に追われる苦労は死の苦しみです。何度か車のハンドルを崖ぶちに切ろうとしました。この苦しみから逃れたいために。また死んだあとの保険金で会社が救えるならば、などと考え、自殺を事故死に見せかける方法はどうすればいいか、などと暗い気持ちで真剣に考えたことが幾度もありました。

「死ぬ気でやれば、何ごともできないことはない」という気持ちになれるまでには時間がかかりました。赤字会社になる以前の私は積極的な人間であったかと思うのですが、会社がマイナスになり始めてから、すっかり消極的な人間になっていました。

倒産会社社長の集まりである、N氏が「倒産の悲劇とその原因」と題する講演の中で「倒産はまさに生き地獄だ」と言っています。この状態を私も身近に何件も見てきているので、その恐ろしさ、悲惨さは身に沁みています。

野口氏は倒産しやすい性格は「お人好しの性格が危ない」と指摘しています。まさに私そっくりだと戦慄する思いでした。しかし私は幸いに倫理を学んでいます。毎日倫理を実践することによって、勇気と信念が与えられ、自信を持つことができました。また何ごとに対しても積極的に行動できる人間になろうと思ったのです。そして苦難をも喜んで受け入れる人間になろうと決意したのです』

実践報告をしたあとは、会社の赤字は取れて順調な運びとなった。そして出身県の鹿児島県川内市に、企業誘致で工場進出することができた。また福岡に営業所も持てた。雪山堂の店舗も増えた。が、経営は常に倒産危機と背中合わせだ。苦難のない時は一度もなかった。

試練は常に付き纏う。夢を追うものの宿命だと覚悟して付き合うしかない。

あとがき

一九五六年（昭和三十一年）、二十二歳のとき文学を夢見て沖縄から上京。それから約十年間、幾多の職業と職場を流転し、最低生活をしながら、同人雑誌の同人になり、原稿と格闘したがものにならず、文学から挫折した。

以来、文学社会と絶縁した。それまで毎月購読していた文芸雑誌（新潮、文学界、群像等）類を中止した。食うための仕事一途に没頭した。家庭を持ち、子供が生まれると尚のこと、余裕がなくなり文学への夢は途絶えていった。

一九六八年会社を創業して痛感したことは、自分は文学バカで経済音痴、一般常識の欠如だった。商社マン時代、経営の神様松下幸之助が何する人とも知らず、先輩から「おまえは日本人じゃない」とまで言われた。

経営を始めてからは、ある面は必要に迫まられて経済書、経営書を読みだした。文学雑誌を中小企業雑誌に切り替えた。読むと白紙に墨が染み入るように身に沁みた。決算書の見方も解るようになった。利益が出ていて金が足りなくなる時の意味も理解できた。

私は年齢の境目、四十歳になったらまた創作を始めようと密かに夢を描いていたが、その歳は経営に追われて、それどころではなかった。五十の歳にまだ捨てきれずにいたが、経営の危機に瀕していて、その建て直しに奮闘中だった。六十歳になると、街の商工会、島の郷土会、同業界、各種勉強会などの役職を押し付けられ、又は好んで引き受け、その役勤めに追われて、文学のことなど忘れ去っていた。

今年七十歳になった。仕事上で長年お付き合いした同年輩の仲間の中に、ここ十年の間に急逝または長患いして欠けていく人が目立つようになった。郷土会や各種企業団体会の仲間も同じである。去り逝く友人、知人の葬儀の場で人生の虚しさ、儚さが心に沁みるようになった。

仕事の実務面は二人の息子に継がせた。翼を剥ぎ取られた緋鳥鴨《ひどりがも》の心境だ。大陸から大海へ向けて旅立つ勇気が減退してきた。事業意欲も海外出張も億劫になってきた。

そんな失意の心境の中で、郷土の先輩から自分史講座を薦められた。受けて、二十代の夢が甦ってきた。意欲が湧いてきた。そして一昨年から自分史を描き出した。

二〇〇四年六月　雪山　渥美

あとがき　追記

前著書発刊後、十六年が過ぎた。この度幻冬舎より再版される機会を得て、前著で詳細には触れなかった妻光恵（一九四〇年生）と子供二人　長男Y（一九六六生）　次男T（一九七二生）のことについて記すことにする。

光恵は、私の愛妻だと誰に向かってもはっきり言うことができる。ここ数十年は夫婦喧嘩したこともない（妻のことば）。私は妻の尻に敷かれて生きている。妻が強い家庭は幸せだとも言われている。さもありなんと思う。最近は生活上の主導権は妻がすべて握っている。私はただついていくだけだ。二人三脚という言葉では表しきれないほど、いつも私を助けてくれた。光恵がいなかったら今の私はいないと自信を持って言える。

私は二〇二一年に米寿記念作品集（水墨画）を発行した。そのあとがきに「私は結婚してから五十数年、会社創業してから五十四年、今日まで幾多の苦難はあったけれどもつつがなく過ごせたのは、妻光恵の支えがあってのおかげです。あらためて心より感謝していています」と記した。

長男は日本の大学（成城大学）を出て、米国サンフランシスコ大学へ留学していたが、卒業試験に手間取り卒業まで四年もかかった。その後は国際ボランティア活動の仕事がしたいとその関連の大学へ編入学して卒業するまでにアメリカで十年もの歳月をすごしてきた。帰国後、東南アジア諸国（タイ、ラオス）へボランティア活動をしてきたが一年も続かなかった。

その後は母親（妻）が経営する雪山堂（額縁、画材、文房具等販売店舗、当時川口、浦和市内に五店舗展開）の跡を継ぎ経営者店長になる。現在に至る。

次男は都内の私立（暁星）小、中学校卒業後同高校一年生の時、自分で探してアメリカロサンゼルスへホームステイとして留学した。その時ホームステイ宅へ家族旅行をして息子のたくましさを知った。彼は同高校卒業時に大学受験を二校受けた。慶應大学は能力及ばずすべった。上智大学は受かった。どうせ将来は親の会社へ後継ぎとして就職するのだから留年はしたくないと上智大学へ入学した。卒業後、二年間他社で修行して親の会社（株）アルナ（一九六七年創業　一九八八年　鹿児島県川内市に鹿児島工場設立　二〇一七年創業五十周年記念）に就職　二〇〇九年　社長に就任
義母（M.W.　一九〇三年生　一九九六年亡）について思い出を書いておきたい。

義母は気の優しい人だった。怒り顔は一度も見たことがない。常に笑みを漂わせていた。川口市差間に土地を買い新家を建てたとき（一九七二年?）、福島県須賀川市に住んでいた義父母を我が家に呼び一緒に住むようになった。その後に次男Tが生まれた。次男はおばあちゃん（義母）がほとんど育て上げた。毎日のようにねんねこで背中に負ぶって、家の周囲を歩き回って。次男は何時しかおばあちゃんに子になり気の優しい子に育った。

おばあちゃんはやさしい婿と出会い一緒に住めて、今がいちばん幸せだとも言っていた。

自分もおばあちゃんから優しさと幸せをもらったような気がする。

最後になりましたが、拙著の出版にご尽力いただきました幻冬舎メディアコンサルティング様に心より感謝いたします。

愚《おろ》か者《もの》の夢《ゆめ》追《お》い半生記《はんせいき》

2023年5月31日　第1刷発行

著　者　雪山渥美
発行人　久保田貴幸

発行元　株式会社 幻冬舎メディアコンサルティング
〒151-0051　東京都渋谷区千駄ヶ谷4-9-7
電話　03-5411-6440（編集）

発売元　株式会社 幻冬舎
〒151-0051　東京都渋谷区千駄ヶ谷4-9-7
電話　03-5411-6222（営業）

印刷・製本　中央精版印刷株式会社
装　丁　弓田和則

検印廃止

Printed in Japan
ISBN 978-4-344-94432-9 C0095
幻冬舎メディアコンサルティングＨＰ
https://www.gentosha-mc.com/